JN418840

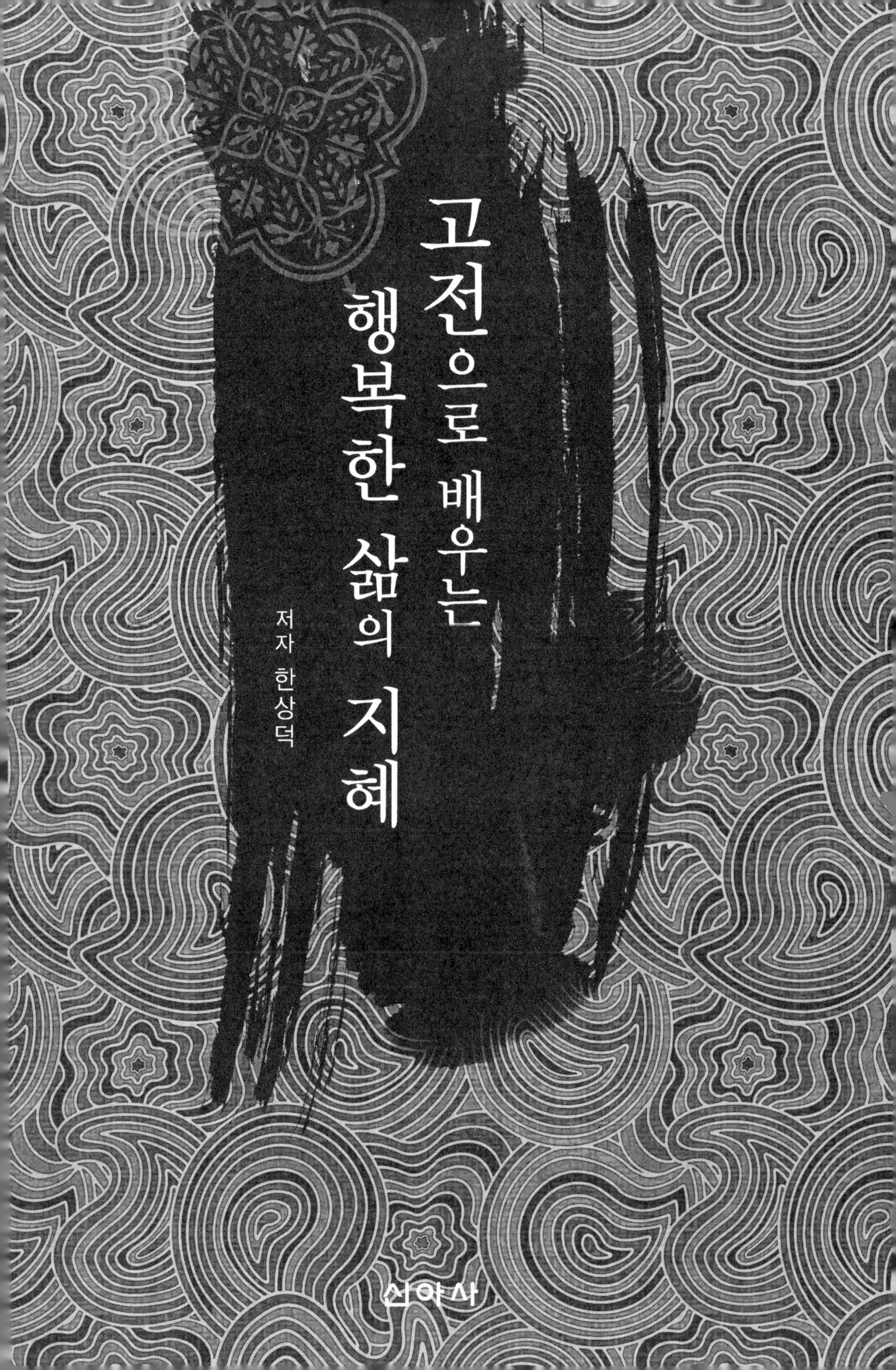
고전으로 배우는
행복한 삶의 지혜
저자 한상덕
신아사

머리말

고전으로 배우는
행복한 삶의 지혜

빛바랜 사진 한 장을 들고 옛날을 회상하다보면 너무나 많은 추억들이 떠오릅니다. 그럴 때면 언제나 순간 포착이란 "사진"술과 그 혜택에 감사를 느끼지 않을 수가 없습니다. 그런가 하면 또 시공을 초월한 옛날 사람들이 남겨놓은 다양한 생각이나 주장들을 책으로 읽다보면 "책"이란 매체가 얼마나 중요하고 또 얼마나 큰 유익을 주는지 감동하지 않을 수가 없습니다. 그래서 또 책이 있음에 감사하고, 다행이란 생각을 하게 됩니다.

"책 속에 길이 있다."는 속담이 있습니다. 이 말은 곧 책 속에는 현실을 사는 우리에게 큰 가르침이 될 수 있는 다양한 지식과 지혜가 담겨 있다는 말일 것입니다. 그런 점에서 특별히 우리 동양고전 속에는 어떻게 사는 것이 참다운 삶이며, 또 어떻게 살아야 서로가 행복하고 가치 있는 삶을 살 수 있는 것인지 등등에 관한 선인들의 가르침들이 풍부하게 담겨져 있다고 생각됩니다.

세월은 많은 것을 변화시켜놓고 있습니다. 그래서 예나 지금이나 똑 같은 "인생"이지만, 삶에 대한 사람들의 가치 기준이나 방법 등도 자꾸만 변해가고 있는 것 같습니다. 하지만 그와 같은 변화 속에서도 여전히 케케묵은 듯한 옛날 고전들이 새롭게 재조명되고 있음은 아직도 금세기를 사는 우리들에게 새로운 감동이 되고 용기와 희망이 되는 부분이 많기 때문입니다.

본 교재는 바로 우리들에게 정신적으로 양식이 되고 생활의 지침이 될 수 있는 동양고전 속의 명구(名句)들을 주제별로 분류하여 엮은 책입니다. 주로 "덕성 함양"을 위한 내용들이 중심이 되고 있습니다. 물론 연령에 제한 없이 누구에게나 참고가 될 만한 내용들이지만, 누군가에게 본(本)이 되어야 할 부모나 스승이나 지도자들이 참고로 하면 더욱 유용할 것 같습니다.

필자는 그저 여러 동양고전들을 참고하여 선인들의 훌륭한 가르침들을 겸손하게 전달해 보려는 의도로 이 교재를 집필하게 되었지만, 더러는 능력의 한계로 인하여 견강부회(牽强附會)한 인용이나 잘못 해석을 붙인 경우도 적지 않을 것으로 생각되어 두렵기만 합니다. 이런 점에 대해서는 여러분들의 따뜻한 질정을 부탁드립니다.

배우는 일은 누구나 할 수 있는 일이며, 여기서 얻은 지식들은 금전적으로는 계산할 수 없는 귀한 재산이 되기도 합니다. 하지만 이렇게 배운 지식이나 지혜들이 진정한 생명력을 가지기 위해서는 실천이 되고 활용이 되어야 할 것입니다. 알고는 있지만 그것을 행하지 않는다는 것은 자기기만이요 그 누구에게도 아무런 의미가 없다 할 것입니다. 좋은 가르침이라 생각되는 점이 있다면 그 가르침대로 한 번 실천해 보려고 노력할 때, 우리들의 인품은 날로 향기를 발하게 될 것이요, 삶의 질 역시 한 차원 높은 단계로 업그레이드 될 것이라 생각됩니다. 이런 권면과 기대는 곧 필자인 저 자신에게 속삭이는 이야기며, 책에서 제시하고 있는 바람직한 삶의 태도는 우선 저의 인생에 나침반이 되어줄 것으로 확신합니다.

필자는 그동안 대학에서는 물론이고 각종 기관이나 단체에 초청을 받아, "고전으로 배우는 삶의 지혜"라는 큰 틀 속에서 강의와 특강을 진행해 왔습니다. 앞으로도 이 주제가 더욱 유익하고 재미있게 전달될 수 있도록 다양한 내용과 형식으로 개발해서, 각 학교는 물론이고 각계각층의 다양한 구성원들에게까지도 다가가서 함께 감동할 수 있도록 노력하고자 합니다. 이런 맥락에서 2010년 경상남도교육청 평생직업교육과의 교육 사업에 동참하여, "고전을 통한 자녀교육의 지혜"에 관한 교재를 편찬하고, 교사 연수용으로 30강의 동영상을 제작하고, 또 관내 초중고교를 숨 가쁘게 순회하면서 "학부모대학" 특강을 할 수 있었던 것은 분에 넘치는 행운이었으며, 이런 경험들은 저의 소박한 장래 소망에 큰 용기가 될 수 있었습니다. 물론 당시 오세현 장학관님을 비롯한 김옥증 · 장영욱 장학사님 같은 분들의 도움이 없었더라면 전혀 불가능한 일이었지만 말입니다.

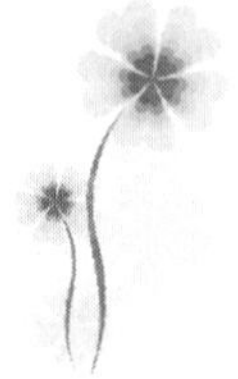

특히 부족함에도 불구하고 이런 저런 강단에 설 수 있도록 많은 기회를 안배해 주신 당시 창원교육지원청 추경엽 교육장님께 지면을 통해 다시 한 번 감사를 드립니다.

참고로 본 교재에서 인용한 구절들은 대부분, 격몽요결(擊蒙要訣)・경거패어(璚琚佩語)・귀곡자(鬼谷子)・근사록(近思錄)・노자(老子)・노학구어(老學究語)・논어(論語)・논형(論衡)・대학(大學)・도덕경(道德經)・동몽선습(童蒙先習)・마의상법(麻衣相法)・맹자(孟子)・명심보감(明心寶鑑)・문중자(文中子)・병법이십사편(兵法二十四篇)・복처서(復妻書)・북사(北史)・사기(史記)・사자소학(四字小學)・서경(書經)・서암췌어(西岩贅語)・설원(說苑)・성경(聖經)・성심단어(省心短語)・성심록(省心錄)・성인가학이지론(聖人可學而至論)・소서(素書)・소학(小學)・손자병법(孫子兵法)・수호전(水滸傳)・시경(詩經)・신음어(呻吟語)・십팔사략(十八史略)・여맹상서서(與孟尚書書)・여씨춘추(呂氏春秋)・열자(列子)・예기(禮記)・오월춘추(吳越春秋)・이견지(夷堅志)・이천격양(伊川擊壤)・인생필독(人生必讀)・자치통감(自治通鑑)・장서(葬書)・장자(莊子)・전국책(戰國策)・제자규(弟子規)・좌전(左傳)・주역(周易)・중용(中庸)・중화언해(中華諺海)・증광현문(增廣賢文)・진언변무소(陳言邊務疏)・채근담(菜根譚)・책림(策林)・천자문(千字文)・춘추좌씨전(春秋左氏傳)・포박자(抱朴子)・한림원독서독설(翰林院讀書讀說)・한비자(韓非子)・한서(漢書)・한시외전(韓詩外傳)・한정우기(閑情偶寄)・황제경(黃帝經)・효경(孝經)・후한서(後漢書) 등에서 가려 뽑은 것임을 밝혀드립니다.

끝으로 본 교재를 출판해 주신 신아사 사장님과 한규갑 상무님께 심심한 감사의 인사를 드리며, 편집 및 인쇄에 애쓰신 관계자 여러분들께도 감사를 드립니다.

2011년 10월

한상덕 삼가드림

차례

고전으로 배우는
행복한 삶의 지혜

고전으로 배우는 행복한 삶의 지혜

제1강 가정(家庭)

▩ 이상적인 가정이 되려면

우리 눈에 익은 글귀 하나가 있다. "가화만사성(家和萬事成)"이다. "가정이 화목하면 만사가 잘된다."는 말이다. 가정의 화목에 대해서는 아무리 강조를 해도 지나치지 않다. 왜냐하면 가정에서의 화목함이 곧 사회 및 국가의 안정과 행복의 근간이 되기 때문이다. ≪명심보감≫에 보면 이 구절 앞에 "자효쌍친락(子孝雙親樂)"이라는 말이 대구로 쓰이고 있다. 즉 "자식이 효도를 하면 어버이가 즐겁다."는 말이다. 이처럼 가정에서 "효도(孝)"와 "화목함(和)"으로 식구들이 모두 행복할 때는 무슨 일을 하든 신바람이 나게 되어 있다. 하지만 그렇지 않을 경우에는 이유 없이 짜증이 나고, 자기도 모르는 사이에 대인관계도 원만하지 못하게 되어, 서로 협조하는 일에 효율을 높이지 못하는 경우가 많다.

이런 점에서 우리 선조들은 가정의 화목을 먼저 중시하였고, 여기서 특히 부모의 역할을 중시해 왔다. 그래서 ≪소학≫에서는 사마온공(司馬溫公)의 말을 통해 총체적으로 다음과 같이 말하고 있다.

凡愛家長은 必謹守禮法하여 以於群子弟及家衆이니 分之以職하고 援之以事하여 而責其成功하며 制財用之節하여 量入以爲出하며 稱家之有無하여 以給上下之衣食과 及吉凶之費하되 皆有品節而莫不均一하며 裁省冗費하고 禁止奢華하여 常須稍存贏餘하여 以備不虞니라

(무릇 집안의 어른이 되는 자는 반드시 예법을 삼가 지켜서 모든 자제와 집안의 사람들을 통솔해야 한다. 직책을 분담하고 일을 나누어 주어서 그 성과를 책임지게 하며, 재물을 쓰는 절목을 마련하여 수입을 헤아려서 지출을 하도록 한다. 집안의 있고 없음을 참작하여 윗사람과 아랫사람들의 의복과 음식, 길흉의 비용을 지급하되, 모두 마땅한 규정이 있어서 균일하지 않음이 없게 해야 한다. 잡비를 줄이고 사치를 금하여 항상 반드시 약간의 여유를 두어서 뜻하지 않은 일에 대비해야 한다.)

이 글에서 부모의 책무와 역할을 모두 다 밝히고 있다. 즉, 가장이 되는 부모는 먼저 자신이 부모로서의 예법을 지키면서 식구들을 통솔하되 업무분담, 가계지출에 대한 관리감독, 의식주 해결 및 외부 경조사에 대한 지출, 그리고 절약 및 저축에 이르기까지 모든 것을 책임져야 한다는 것이다.

이상과 같은 요소들 중에서도 그 가정이 그 당대(當代)에서 끝나지 않고, 자손들이 계속하여 더 가문을 발전시켜 나갈 수 있도록 자녀들을 교육시키고 감독하는 일을 최고의 책무로 삼고자 노력하였다. 그래서 자녀를 위해서, 또 가정의 장래를 위해서 언제나 엄격한 가정교육에 힘썼던 것이다.

엄한 가정교육이 필요한 이유

회초리는 우리 선조들이 교육을 시키는 현장에서 빼놓지 않았던 교구(敎具)였다. 그래서 옛날에는 누구나 대부분 성장할 때 매를 맞아본 경험이 있으며, 아픔을 겪어본 경험이 있기 때문에 매에 대한 평가는 대부분 부정적이라 할 수 있다. 그러나 교육의 현장에서 매를 맞는 사람만 아프고 슬픈 것이 아니라, 때리는 사람 역시 마음이 언짢고 가슴 아프다는 사실에서 매를 통한 교육은 서로에게 그리 유쾌한 것이 아님을 알 수 있다.

회초리 없이 가정교육을 잘 할 수 있다면 그 보다 더 이상적인 것은 없을 것이다. 그러나 현실적으로 어려운 점이 많기 때문에 옛날부터 우리 선조들은 부득이 사랑의 매를 들어 자녀들을 올바로 가르치고자 하였다. 그래서 ≪명심보감≫에서는

엄부 출효자 엄모 출효녀

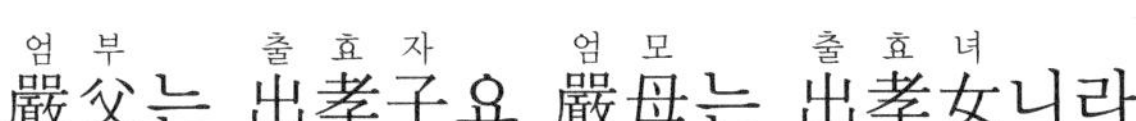

嚴父는 出孝子요 嚴母는 出孝女니라

(엄한 아버지는 효자를 길러내고, 엄한 어머니는 효녀를 길러낸다.)

라고 하였다. 여기서 말하는 부모의 "엄함"은 물론 회초리가 아닌 말로도 가능했을 수 있지만, 역시 어릴 때 자녀교육에는 회초리 효과가 컸기 때문에 이것을 사용하지 않을 수 없었던 것이다.

그러나 그 회초리에는 어디까지나 사랑이 전제되어 있었기 때문에 ≪명심보감≫에서는 다음과 같이 말하고 있다.

련아 다여봉 증아 다여식

憐兒어든 多與棒하고 憎兒어든 多與食하라

(아이가 사랑스럽거든 매를 많이 때리고, 아이가 밉거든 먹을 것을 많이 주라.)

우리는 이 말의 속뜻을 잘 안다. 아무리 자식이 사랑스럽다 할지라도 말로 통하지 않을 때는 올바른 생활 습관을 가지도록 지도하기 위해 매를 들어야 한다는 의미인 것이다.

특히 자녀 교육은 단순하게 단편적인 지식을 암기하도록 할 것이 아니라, 어려서 훌륭한 덕성을 함양할 수 있도록 효제・충신・예의・염치에 관련된 옛날이야기들을 들려주고 이를 자연스럽게 깨달아 실천할 수 있도록 하라고 선조들은 강조한다. ≪소학≫에서는 양문공가훈(楊文公家訓)의 내용을 통해 좋은 가르침을 들려주고 있다.

동치지학 불지기송 양기양지양능 당

童穉之學은 不止記誦이라 養其良知良能이니 當

이선지언 위주 일기고사 불구금고

以先之言으로 爲主니라 日記故事하여 不拘今古

필선이효제충신예의렴치등사 여황향

하되 必先以孝弟忠信禮義廉恥等事니 如黃香의

선침 육적 회귤 숙오 음덕 자로 부

扇枕과 陸積의 懷橘과 叔敖의 陰德과 子路의 負

米之類(미지류)를 只如俗說(지여속설)이면 便曉此道理(변효차도리)니 久久成熟(구구성숙)하면 德性(덕성)이 若自然矣(약자연의)리라

(어린이의 배움은 암기하고 외우는 데 그치지 않고, 그 양지와 양능을 길러주어야 하니, 먼저 들려주는 말을 위주로 해야 한다. 날마다 옛날이야기를 기억하게 하되, 옛 시대와 지금 시대에 구애받지 말고, 반드시 먼저 효제·충신·예의·염치 등의 일을 들려주고, 황향이 침석에 부채질을 했던 일, 육적이 귤을 품었던 일, 손숙오의 음덕과, 자로가 쌀을 등에 지고 날랐던 일 같은 것들을 세상의 이야기들처럼 들려준다면 곧 그 도리를 깨닫게 될 것이며, 이것이 오래되어 마음에 젖으면 덕성이 자연적으로 우러나는 것 같을 것이다.)

원래 "양지양능(良知良能)"은 깊이 생각을 하지 않고도, 또 배우지 않고도 행할 수 있는 능력으로, 경험이나 교육에 의하지 않고 선천적으로 이치를 알고 행할 수 있는 마음의 작용이지만, 사람마다 그 능력의 차이가 있고, 또 철이 드는 시기 역시 차이가 있기 때문에 부모가 옆에서 도와주는 것이 필요한 것이다.

▒ 화창한 봄날 같은 행복한 가정을 위해

자녀 교육은 부모가 항상 회초리를 들고 엄포를 놓거나 협박을 하듯이 자녀들을 대하는 것이 능사가 아님을 우리는 잘 안다. 꼭 필요한 때 매를 들어 엄하게 교육을 시키더라도 평소에는 항상 너그러운 마음으로 자녀들을 감싸주고 사랑으로 격려해 주면서 가정을 끌고 나가야 한다는 것은 불문가지(不問可知)이다. 그래서 ≪채근담≫에서는 이렇게 말한다.

居家(거가)에 有二語(유이어)하니 曰惟恕則情平(왈유서즉정평)하고 惟儉則用足(유검즉용족)이니라

(가정을 꾸리는 사람이 명심해야 할 두 마디 말이 있으니, "너그러워야 집안이 화목하고 검소해야 살림이 넉넉하게 된다."는 것이다.)

그리하여 부모와 자식 간에 소통이 잘되고 융화가 잘 이루어질 때, 그 가정은 행복하게 될 것이고, 크게 번창할 수 있게 될 것이다. ≪인생필독≫에서는 다음과 같은 속담을 통해 가정의 희망찬 미래를 말해준다.

부 자 화 이 가 불 퇴　형 제 화 이 가 불 분
父子和而家不退요 兄弟和而家不分이라

(아버지와 자식 간에 화합이 잘되면 가정이 쇠퇴하지 아니하고, 형과 아우 간에 화합이 잘되면 가정에 분란이 없다.)

나아가 부모와 자식 간에는 또 기본적으로 지켜야 할 도리가 있으니, ≪명심보감≫에서는 다음과 같이 말하고 있다.

부 불 언 자 지 덕　자 불 담 부 지 과
父不言子之德하며 子不談父之過니라

(아버지는 아들의 덕을 말하지 않으며, 자식은 아버지의 허물을 말하지 않는다.)

그러나 자식에 대한 자랑과 부모에 대한 허물을 무조건적으로 표현하지 말라는 것은 아니다. 여기에도 지혜가 필요한 것이니 ≪채근담≫에서는 다음과 같은 방법을 권한다.

가 인 유 과　불 의 폭 노　불 의 경 기　차 사
家人有過어든 不宜暴怒하며 不宜輕棄니 此事를

난 언　차 타 사 은 풍 지　금 일 불 오　사 래
難言이어든 借他事隱諷之하되 今日不悟어든 俟來

일 재 경 지　여 춘 풍 해 동　여 화 기 소 빙
日再警之하여 如春風解凍하며 如和氣消氷하면

재 시 가 정 적 형 범
纔是家庭的型範이니라

(가족에게 허물이 있을 때는 드러내놓고 화를 내서도 안 되고, 대수롭지 않게 넘겨 버려서도 안 된다. 그 잘못한 일에 대해 곧바로 말하기 어려울 때는, 다른 일에 빗대어 넌지시 깨우쳐 주어야 하며, 만일 그 즉시 깨닫지 못할 때는, 다음 기회에 다시 일러 주어야 한다. 봄바람이

얼어붙은 대지를 녹이듯, 따스한 기운이 얼음을 녹이듯 가족의 잘못을 깨우쳐 주는 것, 바로 이것이 가정을 화목하게 하는 방법이다.)

이상은 주로 가정에서의 부모 역할에 중점을 맞추어 언급한 내용들이다. 사람을 기르는 일은 참으로 중요한 일이고 또 대단히 힘든 일이다. 그렇지만 그런 어려움 속에서도 자식 하나 잘 키울 수만 있다면 이는 가문을 위해 국가를 위해 참으로 큰 공헌을 하는 셈이다. 내 가정의 흥성이 곧 국가의 흥성으로 이어지기 때문에 자식을 잘 교육시키는 일도 나라에 대한 충성의 한 길이라 할 수 있다.

생각나누기

1. 家和萬事成(가화만사성) :

2. 子孝雙親樂(자효쌍친락) :

3. 分之以職(분지이직) :

4. 禁止奢華(금지사화) :

5. 嚴父嚴母(엄부엄모) :

6. 與棒與食(여봉여식) :

7. 恕則情平(서즉정평) :

8. 儉則用足(검즉용족) :

9. 父不言子之德(부불언자지덕) :

10. 子不談父之過(자불담부지과) :

제2강 효도(孝道)

부모에게 자식이란

교육의 목표가 인간을 인간답게 가르치는 것에 있다고 한다면, 효행교육이야말로 인간교육의 가장 기본이 되는 까닭에, 옛날에 학교를 설립할 때는 무엇보다 효도교육에 더 큰 비중을 두었다.

흘러간 가요 중에 <단장의 미아리고개>라는 노래가 있다. 반야월 선생이 지은 노래로 이는 한국전쟁의 현장을 생생하게 담은 내용이다. 여기에는 반야월 선생의 가슴 아픈 사연이 담겨 있다.

> 반야월 선생은 6·25 당시 서울에서 피치 못할 사정으로 먼저 피난길에 올랐다. 그리고 뒤 따라 오기로 했던 아내는 미처 서울을 빠져 나오지 못했다. 가족 걱정에 한 시도 마음을 놓지 못하고 애를 태우다 9·18 수복을 맞아 서울로 올라와 극적으로 그의 아내를 만날 수 있었다. 하지만 기쁨도 잠시 아내가 던진 한 마디는 "우리 딸 수라가 죽었어요."하는 것이었다. 귀를 의심하였으나 그건 현실이었다. 유난히 예쁘고 곱던 둘째딸 수라는 그 난리 통에 영양실조에 걸려 병약해 있었던 것이다. 아내가 아이를 업고 화약연기 자욱한 미아리 고개를 넘을 무렵 딸 수라는 숨을 거두었고, 4살 난 딸을 입은 옷 그대로 손수 호미로 땅을 파서 묻고 넘어 왔노라고 했다.(〈차상우의 가요문화 산책〉 참고)

노래가사에서는 딸을 소재로 하기보다는 전쟁의 비극과 부부 간의 생이별을 주제로 하여 <단장의 미아리고개>라고 하였다.

하지만 이 노랫말 뒤에 숨어있는 그 사연을 가만히 생각해 보면, 딸을 잃은 아버지의 "창자가 끊어지는 듯한" 아픔과 슬픔을 연상할 수 있다.[1] 그래서

1) 1절 : 미아리 눈물 고개/ 님이 넘던 이별 고개/ 화약연기 앞을 가려/ 눈 못 뜨고 헤매일 때/ 당신은 철사 줄로/ 두 손 꽁꽁 묶인 채로/ 뒤돌아보고 또 돌아보고/ 맨발로 절며 절며 끌려가신 이 고개여/ 한많은 미아리 고개
2절 : 아빠를 그리다가/ 어린 것은 잠이 들고/ 동지섣달 기나긴 밤/ 북풍한설 몰아칠 때/ 당신은 감옥살이 그 얼마나 고생을 하오/ 십 년이 가도 백 년이 가도/ 살아만 돌아오소/ 울고 넘던 이 고개여/ 한많은 미아리 고개

우리는 "단장(斷腸)"이라는 이 단어에 주목하게 된다. "단장"이라는 이 두 글자 속에도 역시 슬픈 이야기가 있으니 그 고사를 소개하면 다음과 같다.

> 중국 진(晉) 나라 환온(桓溫)이 촉(蜀) 나라를 정벌하기 위해 배에 병사들을 싣고 양자강의 삼협(三峽)을 통과할 때였다. 높은 절벽에서 뛰어놀던 새끼 원숭이 한 마리가 배 안으로 떨어졌다. 배가 출발을 하자 놀란 어미 원숭이는 큰 소리로 절규하면서 새끼 원숭이를 따라 병풍처럼 펼쳐진 그 위험한 벼랑을 이리 뛰고 저리 뛰며 배를 따라 내려왔다. 배가 백여 리쯤 내려왔을 때 병사들이 잠시 쉬기 위해 배를 강기슭에 댔다. 이 때 어미 원숭이가 배 안으로 뛰어들었다. 그러나 어미 원숭이는 뱃속의 창자들이 토막토막 끊겨진 채 거품을 물고 죽고 말았다.

하나의 장면이 그려진다. 일개 미물(微物)에 지나지 않는 평범한 원숭이 한 마리가 오로지 자기 새끼를 구해야겠다는 일념 하나로 백 리를 달려 따라오는데, 자신의 뱃속에 창자가 끊어진 줄도 모르고, 그토록 심한 통증이 있었을 것임에도 불구하고 그 아픔을 감내하며 달려와 자식 옆에서 숨을 거둔 어미 원숭이.

우리는 여기서 부모란 무엇이며, 그러한 부모에게 자식은 무엇인가? 그런 부모의 희생과 사랑 앞에 자식 된 자는 무엇으로 얼마만큼 은혜를 갚아야 적절한 보상이 될 수 있을까? 많은 생각을 해 보게 한다.

그래서 우리 선조들은 일찍부터 사람의 근본 문제와 도리에 대해 많은 가르침을 남겼으니, 우선 ≪격몽요결≫의 일단을 보도록 하자.

범인 막불지친지당효 이효자심선 유
凡人이 莫不知親之當孝로되 而孝者甚鮮하니 由
불심지부모지은고야
不深知父母之恩故也라

(무릇 사람들이 부모에게 마땅히 효도해야 함을 알지 못하는 이가 없되, 효도하는 자가 심히 드무니, 이것은 부모의 은혜를 깊이 알지 못하는 데서 말미암은 연고이다.)

본문은 사람들이 부모에게 효도를 해야 하는 것이 마땅하다는 사실을 알고는 있지만, 그것을 실천하는 사람은 결코 많지 않다는 지적이다. 그리고 "부모님의 은혜"를 먼저 이해할 수 있기를 강조하고 있다.

부모님의 은혜와 사랑의 크기

다음은 ≪시경≫에서 강조한 부모님의 은혜와 그 크기를 말하고 있는 내용이다.

> 父兮生我(부혜생아)하시고 母兮鞠我(모혜국아)하시니 欲報之德(욕보지덕)인댄 昊天罔極(호천망극)이라
>
> (아버님! 나를 낳으시고, 어머님! 나를 기르시니, 그 은덕을 갚고자 할진대 하늘같아 다함이 없도다.)

이렇게 태어난 자식의 몸뚱이는 어떻게 되어 있는가? 또 어떤 존재인가? 그리고 어떻게 처신을 해야 하는 것인가? 역시 ≪격몽요결≫에서는 다음과 같이 그 면면을 자세하게 설명하고 있다.

> 喘息呼吸(천식호흡)에 氣脈相通(기맥상통)하니 此身(차신)이 非我私物(비아사물)이요 乃父母之遺氣也(내부모지유기야)라 故(고)로 曰(왈) 哀哀父母(애애부모)여 生我劬勞(생아구로)라하니 父母之恩(부모지은)이 爲如何哉(위여하재)아 豈敢自有其身(기감자유기신)하여 以不盡孝於父母乎(이불진효어부모호)아 人能恒存此心(인능항존차심)이면 則自有向親之誠矣(즉자유향친지성의)리라
>
> (숨을 쉬어 호흡함에 기맥이 서로 통하니, 이 몸은 나의 사유물이 아니요, 바로 부모께서 남겨주신 기운이다. 그러므로 ≪시경≫에 "슬프고 슬프다. 부모님이여! 나를 낳으시느라 수고로우셨도다."라고 하였으니, 부모의 은혜가 어떠한가? 어찌 감히 스스로 자기 몸을 사유하여 부모에게 효도를 다하지 않을 수 있겠는가? 사람이 항상 이 마음을 지닐 수 있다면 저절로 부모를 향한 정성이 생길 것이다.)

부모가 어찌 자식을 낳아주는 일에만 그쳤는가? ≪사자소학≫에서는 다음과 같이 출산 후의 노고와 함께 자식의 도리를 말하고 있다.

복 이 회 아　　　유 이 포 아
腹以懷我하시고 乳以哺我로다

(배로써 나를 품어 주시고, 젖으로써 나를 먹여 주셨다.)

이 의 온 아　　　이 식 포 아
以衣溫我하시고 以食飽我로다

(옷으로써 나를 따뜻하게 하시고, 밥으로써 나를 배부르게 하셨다.)

은 고 여 천　　　덕 후 사 지
恩高如天하시고 德厚似地하시도다

(은혜는 높기가 하늘과 같고, 덕은 두텁기가 땅과 같도다.)

위 인 자 자　　갈 불 위 효
爲人子者가 曷不爲孝리오

(사람의 자식 된 자가 어찌 효도를 하지 않겠는가?)

욕 보 기 덕　　　호 천 망 극
欲報其德인댄 昊天罔極이로다

(그 은덕을 갚고자 함에 하늘처럼 다함이 없다.)

현대에 와서는 문화와 생활양식이 많이 달라져서 부모를 섬기고 효도를 하는 방법도 예전과는 많이 달라진 듯하지만, 그 공경의 표현이나 당위성은 예나 지금이나 크게 다를 바가 없다 할 것이다. 옛날 자녀들이 익혔던 부모 섬기기를 보면 다음과 같다. 역시 ≪사자소학≫에 나오는 말이다.

부 모 호 아　　　유 이 추 진
父母呼我어시든 唯而趨進하라

(부모님께서 나를 부르시거든, 빨리 대답하고 달려 나가라.)

부 모 사 아　　　물 역 물 태
父母使我어시든 勿逆勿怠하라

(부모님께서 나를 부리시거든, 거스르지 말고 게을리 하지 말라.)

자식이 부모 마음을 상하지 않게 하는 가장 기본적인 생활 태도는 즉각적인 반응이다. 그래서 과거에는 어린 자녀들을 교육시킬 때 제일 먼저 가르치는 것이 부모의 부름에 대답을 빨리 하고, 곧바로 행동으로 옮기는 것을 교육시켰다.

오늘날 가정에서 부모가 자녀를 불렀을 때, 곧바로 대답을 하고 달려오는 가정이라면 그런대로 자식에 대한 기본 교육은 잘 된 가정이라 할 수 있을 것이다. 부르면 대답만 하고 행동적으로 아무런 반응이 없는 경우가 허다하기 때문이다. 부르면 어슬렁어슬렁 걸어와 "왜요?"라고 묻는 자식들의 모습을 보면 어떤 생각이 드는가? 그래서 공자님도 아래와 같이 강조하였다.

부명소 유이불락 식재구즉토지
父命召어시든 唯而不諾하고 食在口則吐之니라

(아버지가 명(命)하여 부르시면 즉시 대답하며 머뭇거리지 말고, 음식이 입에 있거든 이를 뱉을 것이다.)

여기서 우리가 주목해야할 글자 둘이 있다. "유(唯)"와 "낙(諾)"이다. 이 두 글자는 모두 "예"라는 대답을 나타낸다. 그러나 여기서 전자는 빨리 대답을 하는 것이고, 후자는 머뭇거리며 건성으로 하는 대답을 말한다. 대답은 대답이지만 이 대답 둘 사이에는 대단한 차이가 있다. 따라서 공자님은 "유(唯)"라고 하는 대답을 강조하고, "낙(諾)"이란 대답을 피하도록 하였던 것이다.

세상의 효도 이야기

다음은 ≪소학≫에 실린 글로, 옛날 선조들이 학동들에게 부모에 대한 효도를 가르칠 때 자주 인용하던 이야기다. 오늘날 이런 이야기로 효도 교육을 시킨다면 모두 웃을지 모른다. 하지만 오늘날 우리가 자식들에게 정신 교육을 시키는 자료로 적절히 활용할 수 있다면 참 좋을 것이다.

王祥이 性孝하더니 蚤喪親하고 繼母朱氏不慈하여 數譖之하니 由是失愛於父하여 每使掃除牛下어든 祥이 愈恭謹하며 父母有疾이어든 衣不解帶하며 湯藥에 必親嘗하니라 母嘗欲生魚러니 時에 天寒冰凍이어늘 祥이 解衣하고 將剖冰求之러니 冰忽自解하여 雙鯉躍出이어늘 持之而歸하니라 母又思黃雀炙니 復有雀數十이 飛入其幕이어늘 復以供母하니 鄕里警嘆하여 以爲孝感所致라하니라 有丹柰結實이어늘 母命守之한대 每風雨에 祥이 輒抱樹而泣하니 其篤孝純至如此하니라

(왕상은 성품이 효성스러웠다. 일찍이 어머니를 여의었는데, 계모 주씨가 자애하지 못하여 자주 헐뜯어 말하니, 이로 말미암아 아버지에게 사랑을 잃고 매번 쇠똥 치우는 일을 했는데, 상은 더욱 공손하고 삼갔다. 부모에게 질병이 있으면 옷의 허리띠를 풀지 않았고, 약을 달이면 반드시 직접 맛을 보았다. 어머니가 일찍이 살아있는 물고기를 먹고자 했는데, 이때 날이 추워서 얼음이 얼었다. 상이 옷을 벗고 얼음을 깨고 물고기를 잡으려고 하자, 얼음이 갑자기 저절로 풀리면서 두 마리의 잉어가 뛰어 나오기에 이것을 가지고 돌아왔다. 어머니가 또 참새구이를 먹고 싶어 하자, 다시 참새 수십 마리가 그의 방 안으로 날아 들어와서 또 어머니에게 바쳤다. 마을 사람들이 이 말을 듣고 놀라고 감탄하여, 효성이 하늘을 감동시켜 그렇게 된 것이라고 하였다. 단내 열매가 열렸는데 어머니가 그것을 잘 지키라고 명령하자, 바람이 불고 비가 올 때마다 상이 얼른 나무를 안고서 울었다. 그 독실한 효성이 순수하고 지극함이 이와 같았다.)

현실적으로 황당한 이야기일 수도 있지만, 효성에 지극 정성을 다하면 하늘도 감동하여 복을 내려 준다는 점을 강조하기 위한 이야기라 할 수 있다.

근간에 다음과 같은 이야기를 전해들은 적이 있다.

어느 정도 재산을 가진 노인이 다섯 명의 자식들에게 물려줄 유산을 놓고

고민을 하다가 한 가지 꾀를 냈다고 한다. “사업을 하다가 수억 원의 빚을 지게 되었는데, 건강도 좋지 않고 능력도 안 되니 자식들이 빚을 좀 대신 갚아 달라.”고 했다. 그리고 자식들이 도울 수 있는 액수를 종이에 적게 했다.

아버지께 재산이 좀 있는 줄로 알았던 자식들은 서로 얼굴만 쳐다볼 뿐 아무런 말도 반응도 없을 때, 제일 형편이 어려운 셋째가 먼저 오천만원이라 적자, 눈치만 보던 다른 형제들이 경매가격 적듯이 천만 원·천오백만 원·이천만 원·이천 오백만 원이라고 적었다.

수개월 후 그 아버지는 다시 자식들을 불러 모아놓고 말했다. “내가 죽고 나면 얼마 안 되는 유산으로 자식들 간에 다툼이 생길 것 같아 재산을 정리했는데, 지난번에 내가 진 빚을 대신 갚아주겠다고 적어낸 액수에 각각 다섯 배씩 할당을 하였으니 그리 알라”고…….

세상의 많은 일들 중에는 자신도 모르는 사이에 자기가 받을 복이 결정되며, 그 복은 대개 자신이 베푼 사랑과 관심의 크기만큼 비례하여 받게 된다고 보면 틀림이 없을 것이다.

≪효경≫에 이런 말이 있다.

인 지 행 막 대 어 효
人之行莫大於孝니라

(사람의 행위 중에서 효보다 더 큰 것은 없다.)

부모님이 살아 계시는 동안 효도하는 일에 최선을 다하여, 돌아가신 후에 후회하는 일이 없도록 노력해야 할 것이다.

생각나누기

1. 斷腸(단장) :

2. 父母之恩(부모지은) :

3. 欲報之德(욕보지덕) :

4. 生我劬勞(생아구로) :

5. 腹以懷我(복이회아) :

6. 乳以哺我(유이포아) :

7. 以衣溫我(이의온아) :

8. 以食飽我(이식포아) :

9. 恩高如天(은고여천) :

10. 唯而趨之(유이추지) :

제3강 불효(不孝)

부모의 자식 사랑, 그 끝은 어디까지인가

다음은 <어느 날 심장이 말했다>라는 제목의 글이다.

> 옛날에 한 청년이 살았다. 청년은 아름다운 여인을 만나 사랑에 빠졌다. 여인은 청년에게 별을 따다 달라고 말했다. 청년은 별을 따다 주었다. 여인은 청년에게 달을 따다 달라고 말했다. 청년은 달을 따다 주었다. 이제 청년이 더 이상 그녀에게 줄 것이 없게 되었을 때, 여인이 말했다.
> "네 부모님의 심장을 꺼내 와 ……."
> 많은 고민과 갈등을 했지만, 결국 청년은 부모님 가슴 속에서 심장을 꺼냈다. 청년은 부모님의 심장을 들고 뛰기 시작했다. 오직 그녀와 함께 할 행복을 생각하며, 달리고 또 달렸다.
> 청년이 돌부리에 걸려 넘어졌을 때, 청년의 손에서 심장이 빠져나갔다. 언덕을 굴러 내려간 심장을 다시 주어 왔을 때, 흙투성이가 된 심장이 이렇게 말했다.
> "얘야, 많이 다치지 않았니?"

부모의 자식에 대한 사랑의 끝은 어디까지일까? 위의 이야기는 자식의 불효와 부모의 한없는 사랑을 동시에 느낄 수 있도록 해 주는 교훈적인 이야기이다. "부모의 봉양을 돌보지 않음"을 "불효(不孝)"라고 했던 맹자의 지적은, 너무나 신사적인 표현이 아닌가 싶다. 왜냐하면 오늘날 어떤 불효자는 불효의 정도가 "봉양을 돌보지 않는" 정도를 넘어서서 정말로 있을 수 없는 패역아들의 작태를 보여주고 있기 때문이다.

≪소학≫에서는 다음과 같이 불효에 대한 맹자의 이야기를 전해주고 있다.

세속소위불효자오 타기사지 불고부모지양
世俗所謂不孝者五니 惰其四支하여 不顧父母之養

일불효야 박혁호음주 불고부모지양
이 一不孝也요 博奕好飮酒하여 不顧父母之養이

二不孝也요 好貨財私妻子하여 不顧父母之養이 三不孝也요 從耳目之欲하여 以爲父母戮이 四不孝也요 好勇鬪狠하여 以危父母가 五不孝也니라

(세속의 이른바 불효라는 것이 다섯 가지니, 사지(四肢)를 게을리 하여 부모의 봉양을 돌보지 않는 것이 첫째 불효요, 장기를 두고 바둑을 두며 술 마시기를 좋아하여 부모의 봉양을 돌보지 않는 것이 둘째 불효요, 재물을 좋아하고 처와 자식만을 사랑하여 부모의 봉양을 돌보지 않는 것이 셋째 불효요, 귀와 눈의 욕망을 따라 부모를 욕되게 하는 것이 넷째 불효요, 용맹을 좋아하여 싸우고 성내어 부모를 위태롭게 하는 것이 다섯째 불효다.)

부모에게 효도하지 않는 자가 다른 일에 얼마나 충실하고 큰일을 해 낼 수 있을 것인가? ≪인생필독≫에서는 불효에 대하여 다음과 같이 소개하고 있다.

不孝父母면 敬神無益이니라

(부모에게 효도하지 않으면, 신을 아무리 공경한다 해도 유익함이 없다.)

欠債怨債主하고 不孝怨父母니라

(빚쟁이는 돈 빌려준 사람을 원망하고, 불효자는 부모를 원망한다.)

養子不孝면 不如養驢니라

(아들을 길렀는데 효도를 하지 않으면, 당나귀를 기르는 것만 못하다.)

養女不孝면 不如養豬니라

(딸을 길렀는데 효도를 하지 않으면, 돼지를 기르는 것만 못하다.)

그리고 ≪노학구어≫에서도

五刑之屬三千에 罪莫大於不孝니라 世俗不孝者五

니 先要爾曹知道니라
(선요이조지도)

(다섯 가지 형벌은 삼천 가지로 분류가 되는데, 죄 중에 불효보다 더 큰 것은 없다. 세상에서 불효에 해당하는 것 다섯 가지가 있으니, 먼저 너희들이 이것을 잘 알아야 한다.)

라고 하였다.

효도나 불효도 대물림을 한다

주자십회(朱子十悔)는 기회를 놓치고 나서 하게 되는 후회 열 가지를 말한 것인데, 그 중 제일 첫 번째가 "불효부모사후회(不孝父母死後悔)"라는 후회이다. 불효하면 부모가 작고(作故)하고 나서 후회를 하게 된다는 이야기다.

옛날 고려시대 때, 부모가 죽어갈 때가 되면 산 채로 산 속에 갖다 버리는 장례, "고려장(高麗葬)"이란 것이 있었다. 어떤 사람이 하루는 홀로 남은 노부(老父)가 죽어가자, 풍습에 따라 노부를 지게에 지고 가서 고려장을 시키려고 하였다. 어린 아들과 함께 산으로 올라가 노부를 내려놓고 약간의 음식과 물을 옆에다 놓고 내려오려고 하였다. 하직인사를 한 후 지게를 버리고 돌아오려는데, 아들이 지게를 다시 메고 내려가자고 하였다. 왜냐고 물었더니, 아버지도 나이 들어 죽어 가면 그 때 사용해야 하지 않겠느냐고 했다. 아버지가 아들의 말에 깨달은 바가 있어 노부를 다시 지게에 지고 내려왔고, 마침내 이 이야기가 임금께 전해졌다. 임금은 이로부터 전국에 어명을 내려 고려장 풍습을 없애도록 하였다는 이야기다.

다칠세라 깨질세라 자식을 애지중지 키워 놓으면 제 스스로 성장한 것처럼 부모를 업신여기는가 하면, 또 마음을 상하게 하고, 심지어는 주먹질을 하는 불효막심한 자식도 있으니, 이러고도 부모가 세상을 떠났을 때 후회하는 마음이 생길까 의문스럽다.

다음은 ≪명심보감≫ 중의 내용이다.

효순 환생효순자 오역 환생오역아
孝順은 還生孝順子요 忤逆은 還生忤逆兒하나니

불신 단간첨두수 점점적적불차이
不信커든 但看簷頭水하라 點點滴滴不差移니라

(효도하고 순종하는 사람은 또한 효도하고 순종하는 자식을 낳고, 부모에게 거역하는 사람은 또한 거역하는 아들을 낳게 된다. 믿지 못하겠거든 저 처마 끝의 낙숫물을 보라. 방울방울 떨어지는 물방울이 어긋나지 않는다.)

우리는 간혹 "자업자득(自業自得)"이니 "뿌린 대로 거둔다."는 표현을 쓰곤 하는데, ≪맹자≫에서는 "출이반이(出爾反爾)"라는 말로 이와 비슷한 이치를 설명하고 있다. 즉 "너에게서 나와서 너에게로 돌아간다."는 뜻이다. 그런데 이 말은 주로 행(幸)이든 불행(不幸)이든, 좋은 일이든 나쁜 일이든 결국은 모두가 자기 자신에 의하여 초래됨을 비유할 때 많이 인용된다.

자식은 부모를 닮기 마련이다. 내가 부모에게 한 그대로 내 자식이 나를 대하게 될 것이다. 내가 꼭 자식에게 후한 대접을 받고 귀한 봉양을 받기 위해서 내 부모에게 잘할 것이 아니라, 효도란 훗날 자신이 받을 보상과는 관계없이 인간이면 마땅히 행해야 할 도리인 것이다. 그래서 ≪명심보감≫에서는 다음과 같이 표현하고 있다.

효어친 자역효지 신기불효 자하효 언
孝於親이면 子亦孝之하나니 身旣不孝면 子何孝焉이리오

(어버이에게 효도하면 내 자식 또한 나에게 효도를 할 것이니, 내 자신이 이미 효도하지 않았다면 자식이 어찌 나에게 효도하겠는가?)

흘러간 노래 중에 <불효자는 웁니다>라는 노래가 있다. 중년 나이쯤 되면 누구나가 다 한 번쯤은 들어보았거나 흥얼거려본 노래일 것이다.

> 불러봐도 울어봐도 못 오실 어머님을 / 원통해 불러보고 땅을 치며 통곡해요 / 다시 못 올 어머니여 불초한 이 자식은 / 생전에 지은 죄를 엎드려 빕니다. 손발이 터지도록 피땀을 흘리시며 / 못 믿을 이 자식의 금의환향 바라시고 / 고생하신 어머님이 드디어 이 세상을 / 눈물로 가셨나요 그리운 어머니

이 노래 가사의 내용을 가만히 생각해 보면 효도를 다 하지 못한 불효자의 후회가 절절함을 알 수 있다.

▩ 효도할 시기, 늘 있는 것이 아니다

고사성어 중에 "풍수지탄(風樹之嘆)"이란 말이 있다. 이는 중국 고전 ≪한시외전≫에 나오는 이야기다.

어느 날 공자가 제자들과 함께 길을 가다가 어떤 사람이 길에서 큰 소리로 울부짖는 슬픈 곡(哭)소리를 들었다. 그래서 가까이 가 보니 고어(皐魚)라는 사람이 거친 베옷을 입고 울고 있었다. 공자가 물었다. "그대는 상(喪)을 당했나 보구려. 그런데 어찌 이렇게 통곡을 하시오"라고 묻자, 고어가 대답하였다. "나무는 가만히 있고자 하는데 바람이 그치질 않고, 자식이 봉양을 하려고 하는데 부모님께서 기다려 주지를 않으시는군요. 한 번 지나가버리면 다시 따라갈 수 없는 것이 세월이요, 돌아가시고 나면 다시 만나볼 수 없는 분이 부모님입니다."라고 하였다. 얼마 뒤에 그 사람은 선 채로 말라 죽었고, 공자와 제자들은 그런 모습을 보고 교훈으로 삼았다는 이야기다. 중국에서는 "풍수지비(風樹之悲)" 또는 "풍수지감(風樹之感)"이라고 표현하기도 한다. 이 고사의 유래가 되는 원문은 다음과 같다.

수 욕 정 이 풍 불 지　　자 욕 양 이 친 불 대
樹欲靜而風不止요 子欲養而親不待라

(나무는 고요하고자 하나 바람이 그치질 않고, 자식은 봉양을 하고자 하나 부모님이 기다려 주지 않는다.)

이러한 이치를 잘 알고 있었던 옛날 중국의 노래자(老萊子)라고 하는 자는 나이가 많았음에도 부모에게 지극 정성으로 효도를 다하고자 노력했던 사람이다. 그래서 "노래지희(老萊之戲)"라는 고사성어도 만들어지게 되었는데 그 유래는 다음과 같다.

노 래 자 효 봉 이 친 행 년 칠 십 작 영 아 희
老萊子孝奉二親하더니 行年七十에 作嬰兒戲하여
신 착 오 색 반 란 지 의 상 취 수 상 당 사 질 부 와
身著五色斑斕之衣하며 嘗取水上堂할새 詐跌仆臥
지 위 소 아 제 농 추 어 친 측 욕 친 지 희
地하여 爲小兒啼하며 弄雛於親側하여 欲親之喜
하니라

(노래자는 두 어버이를 효성으로 봉양하였다. 나이 일흔 살이 되어서도 어린애처럼 장난을 쳤으며, 몸에는 오색 무늬의 색동옷을 입었다. 일찍이 물을 떠가지고 당(堂)에 오르다가 일부러 넘어져 땅에 엎드려 어린애 우는 소리를 냈으며, 새 새끼를 부모 곁에서 가지고 놀면서, 부모를 기쁘게 하고자 하였다.)

또 "백유지효(伯兪之孝)"에 관한 이야기가 있으니, 이를 통해 우리는 부모에 대한 진정한 효도와 그 효도의 깊이를 느끼고 배울 수 있었으면 좋겠다.

백 유 유 과 기 모 태 지 읍 기 모 왈 타
伯兪有過어늘 其母笞之한대 泣이어늘 其母曰 他
일 태 자 미 상 읍 금 읍 하 야 대 왈 유 득
日笞에 子未嘗泣이라가 今泣은 何也오 對曰 兪得
죄 태 상 통 금 모 지 력 불 능 사 통 시
罪에 笞常痛이러니 今母之力이 不能使痛이라 是
이 읍
以泣하나이다

(백유에게 잘못이 있어 그 어머니가 매를 때리자 울었다. 그 어머니가 "다른 때는 때리면 네가 일찍이 울지 않았는데 오늘은 어째서 우느냐?"라고 하자, 백유가 대답하기를, "제가 죄를 지어 매를 맞을 때면 항상 아팠는데, 지금은 어머니의 힘이 저를 아프게 하지 못해서 그래서 우는 것입니다."라고 하였다.)

세상에 효도만큼 중요한 것이 또 어디에 있겠는가? 그래서 효도에 관한 교육적인 고사들은 너무나 많다. 그런 이야기들을 많이 아는 것이 중요한 것이 아니라, 하나를 알더라도 효도를 실천하여 마땅한 자식의 도리를 다할 수 있는 것이 중요한 것이다.

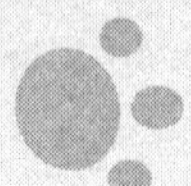

생각나누기

1. 惰其四支(타기사지) :

2. 不顧父母之養(불고부모지양) :

3. 博奕好飮酒(박혁호음주) :

4. 好貨財私妻子(호화재사처자) :

5. 從耳目之欲(종이목지욕) :

6. 好勇鬪狠(호용투한) :

7. 不孝父母死後悔(불효부모사후회) :

8. 樹欲靜而風不止(수욕정이풍불지) :

9. 子欲養而親不待(자욕양이친불대) :

제4강 동기(同氣)

▒ 형제자매 간의 우애, 가정의 미래다

두 사람이 만나 부부가 되면 하나의 가정이 이루어지고, 그 가정에서의 사랑이 결실을 보게 되면 자녀가 태어나게 된다. 결혼한 부모에게 있어서 가장 큰 축복은 자녀를 가지게 되는 것이라 생각된다. 그 자녀들을 우리는 "동기(同氣)"라고 말한다. 종적관계에서는 형제자매라고도 하지만, 횡적관계에서는 주로 동기라는 말을 쓴다. 오늘날에 와서는 형제자매라는 말을 많이 쓰지만, 옛날에는 동기라는 말도 많이 썼던 것 같다.

"동기"란 형제관계·자매관계·남매관계를 다 아우를 수 있는 말이기 때문에 그 활용도가 많았던 것 같다. 자녀란 부모로부터 같은 핏줄을 나누고 같은 기운을 나누어서 태어났다는 점에서 이 한자어는 참 잘 만들어졌다는 생각이 든다.

가정의 장래는 당대(當代) 부모보다는 자녀들에게 달려 있다. 그래서 부모에게 있어서 자녀는 모든 희망의 대상이 되기도 한다. 자녀들이 잘되고 못 되는 것은 그 개인의 일이기도 하지만, 그 가정과 가문의 미래를 결정해 주는 일이 되기도 한다. 그 때문에 일찍이 선조들은 동기간에 우애를 강조하였고, 또 가정에서 좋은 관계를 유지함으로써 화목함을 꾀할 뿐만 아니라, 나아가 자신의 훌륭한 덕성을 잘 기를 수 있기를 강조하였다.

언급한 바와 같이 형제는 부모로부터 똑같은 피와 기를 나누어 태어난 사람들이다. 그래서 ≪천자문≫에서도 다음과 같이 말하고 있다.

공 회 형 제 　 동 기 연 지
孔懷兄弟요 同氣連枝라

(형제는 서로 사랑하여 의좋게 지내야 한다. 형제는 부모의 기운을 같이 받았으니 나무의 가지와 같다.)

라고 하였다. 그리고 ≪사자소학≫에서도 같은 이치를 다음과 같이 설명하고 있다.

골육수분 본생일기 형체수이 소수일혈

骨肉雖分이나 本生一氣요 形體雖異나 素受一血이니라

(뼈와 살은 비록 나누어져 있으나 본래 한 기운에서 태어났으며, 형체는 비록 다르지만 본래 한 핏줄을 받은 것이니라.)

비지어목 동근이지 비지어수 동원이류

比之於木하면 同根異枝며 比之於水하면 同源異流니라

(나무에 비유하면 뿌리는 같은데 가지가 다른 것과 같고, 물에 비유하면 근원은 같은데 흐름이 다른 것과 같다.)

이와 같이 형제자매는 한 뿌리에서 자라나온 가지와 같은 것이기 때문에 형제간의 불행이나 고통은 곧 모두의 아픔이 되는 것이다. 그래서 동기를 잃은 슬픔을 말할 때 "할반지통(割半之痛)"이라고 표현을 하기도 하는데, 이는 곧 자신의 반쪽이 떨어져 나가는 그런 고통을 말하는 것이다.

▩ 한 몸에 달린 손가락 같은 형제자매

≪사자소학≫에서는 동기의 출생적 의미와 기본적으로 가져야 할 예의 및 태도에 대하여 다음과 같이 적고 있다.

형제자매 동기이생 형우제공 불감원

兄弟姊妹는 同氣而生이니 兄友弟恭하야 不敢怨

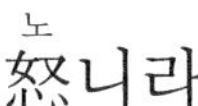

怒(노)니라

(형제와 자매는 한 기운을 받고 태어났으니 형은 우애하고 아우는 공손히 하여 감히 원망하거나 성을 내지 말아야 한다.)

라고 하였다.

또 ≪노학구어≫에서는 형제자매를 한 몸에 달려있는 손가락에 비유하고 동기간이 서로 좋은 관계를 유지할 것을 강조하고 있다. 그리고 그 동기간에 우애가 없으면 곧 부모에게 효도도 할 수 없다고 설명한다.

一體分爲五指(일체분위오지)에 指頭或短或長(지두혹단혹장)이라 長短無非手足(장단무비수족)이니 弟兄切莫參商(제형절막참상)이니라

(한 몸에는 다섯 손가락이 나누어져 있는데, 그 손가락 중에 어떤 것은 짧고 어떤 것은 길다. 길든 짧든 수족이 아닌 것이 없으니, 형제간에는 절대 사이가 나쁘지 않도록 해야 한다.)

友以成孝(우이성효)요 孝以兼友(효이겸우)라 薄兄弟者(박형제자)는 薄其父母(박기부모)니라

(우애로써 효를 이루고, 효로써 우애를 쌓는다. 형제를 가볍게 여기는 자는 그 부모도 가볍게 여긴다.)

라고 하였다. 결국 동기간에 우애가 없는 것은 부모에 대한 효성에 문제가 있기 때문이라고 ≪노학구어≫는 지적을 하고 있는데, 이는 ≪격몽요결≫의 내용과 비슷하다. 다시 말해 동기간이 서로 화목한 것은 역시 부모에게 효도도 잘하고, 그 효도가 잘 이루어질 때는 동기간에 관계도 좋을 수밖에 없다는 말이다. ≪격몽요결≫에 보면 다음과 같은 내용이 있다.

今人(금인)이 兄弟不相愛者(형제불상애자)는 皆緣不愛父母故也(개연불애부모고야)라 若(약)

유애부모지심 즉기가불애부모지자호 형제
有愛父母之心이면 則豈可不愛父母之子乎아 兄弟
약유불선지행 즉당적성충간 점유이리
若有不善之行이면 則當積誠忠諫하여 漸喩以理하
기어감오 불가거가려색불언 이실기화
여 期於感悟요 不可遽加厲色拂言하여 以失其和
야
也니라

(요즘 사람들이 형제간에 서로 사랑하지 않음은 모두 부모를 사랑하지 않기 때문이다. 만일 부모를 사랑하는 마음이 있다면 어찌 그 부모의 자식을 사랑하지 않겠는가? 형제가 만일 좋지 못한 행실을 저지르면 마땅히 정성을 모아 충고를 하여, 점차적으로 이치적으로 깨우쳐 감동하여 깨닫게 하기를 기약할 것이요, 갑자기 노여운 안색과 거슬리는 말을 하여 그 화합함을 잃어서는 안 된다.)

윗글을 보면, 또 동기간에 문제점이 발생했을 때의 그 해결책을 제시하고 있기도 하다. 동기간에는 무엇보다 화를 내거나 질책을 하기보다는 정성어린 마음으로 충고할 것을 권하고 있다.

동기간에 우애를 돈독히 할 줄 아는 사람은 사회생활도 순조롭게 잘 해나갈 수 있는 능력을 가지게 된다. 왜냐하면 가정에서 동기간에 사람을 대하는 근본 자세를 배워서 이를 사회에서 활용할 수 있기 때문이다.

한 부모의 자식이라는 점에 있어서 형제는 같은 위치를 차지하고 있지만, 세상에 태어난 차례가 있다는 점에서는 윗사람과 아랫사람의 순서가 있다. 그러므로 가까운 형제간이지만 지켜야 될 예절이 있게 되는 것이다.

형제간의 예절에서 빼놓을 수 없는 것이 양보다. 형은 아우가 어리므로 양보하고 아우는 형이 자기보다 윗사람이니까 양보한다면 형제간에 다툼은 일어나지 않을 것이다.

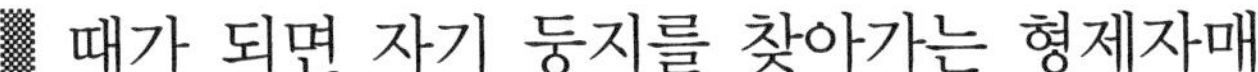

때가 되면 자기 둥지를 찾아가는 형제자매

형제자매는 한 몸이기 때문에 "동기일신(同氣一身)"이란 성어가 생겨나기도 하였다. 그러나 그 한 몸 같던 동기도 영원히 붙어살 수는 없는 일이다. 결혼 전에 부모 슬하에서 함께 있을 때나 어느 정도 가능한 일이지, 결혼해서 각자가 독립된 보금자리를 틀게 되면 "일신(一身)"처럼 살던 환경이 달라지게 되며 서로의 관계도 이전보다는 훨씬 소원해질 수밖에 없다. 그렇기에 함께 있을 때 서로 의좋게 살면서 훗날 후회하지 않도록 노력해야 하는 것이다.

소시시형제 장대각향리

小時是兄弟나 長大各鄕里니라

(어렸을 때는 형제지만, 성장하여 어른이 되면 각기 다른 마을에 있게 된다.)

위의 구절은 ≪인생필독≫에 나오는 말이다. 같은 가정에서 부모를 모시고 함께 살 때 형제자매들은 살을 비비면서 우애를 느끼고 살 수 있지만, 일단 각자가 가정을 만들어 멀리 떨어지게 되면 때로는 이웃보다 더 먼 관계처럼 되기도 한다.

그리고 피를 나누지 않은 다른 사람과 결혼을 해서 새로운 가정이 생기면 모든 결정을 새로 생긴 배우자와 해야 하기 때문에 동기들이 이전과 같은 감정으로 간단하게 일을 처리할 수가 없게 된다. 즉 동기들과는 소유권의 한계가 확실히 구분되고, 독립한 가정에서는 또 다른 공동소유자가 따로 생기기 때문이다. 그래서 다음과 같은 속담이 생기게 되었다. ≪인생필독≫에 실려 있는 말이다.

형제시형제 과강수용전

兄弟是兄弟나 過江須用錢이라

(형제는 형제더라도, 강을 건널 때는 각자가 돈을 내야한다.)

물론 독립이 되었다고, 또 멀리 산다고 동기간의 본질이 달라지는 것은 아니기 때문에, 어떠한 변화 속에서도 항상 서로 변함없는 우애를 위해 최선을 다 해야 할 일이다.

오늘날 우리 사회는 자식을 많이 낳지 않는 풍토로 변해버렸지만, 옛날에는 자식이 재산이었기 때문에 가능하면 많이 낳고자 했던 것이 일반적인 현상이었다. 그래서 자식이 많으면 다복하다고 하였고, 다음과 같은 말을 하는 것도 이상하지 않았다. ≪노학구어≫에 나오는 말이다.

> 외인불산동기 동기지차형제 제형능유다소
> 外人不算同氣요 同氣只此兄弟라 弟兄能有多少인
> 십개팔개갱호
> 가 十個八個更好라
>
> (타인은 동기(同氣)라 할 수 없고, 동기는 단지 형제일 뿐이다. 형제는 얼마나 있는 것이 좋은가? 열 명이나 여덟 명이면 더욱 좋다.)

공자는 군자에게 세 가지 즐거움이 있다 하여 "군자삼락(君子三樂)"을 말하였다. 즉 첫째는 부모가 다 살아 계시고 형제가 무고한 것(父母具存 兄弟無故), 둘째는 하늘과 사람에게 부끄러워할 것이 없는 것(仰不愧於天 俯不怍於人), 셋째 는 천하의 영재를 얻어서 교육하는 것(得天下英才 而敎育之), 이것을 세 가지 즐거움이라 하였다. 여기서도 역시 부모형제의 생존과 무고를 그 첫째로 꼽았다.

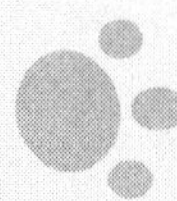

생각나누기

1. 同氣連枝(동기련지) :

2. 本生一氣(본생일기) :

3. 同根異枝(동근이지) :

4. 同源異流(동원이류) :

5. 割半之痛(할반지통) :

6. 兄友弟恭(형우제공) :

7. 友以成孝(우이성효) :

8. 孝以兼友(효이겸우) :

9. 積誠忠諫(적성충간) :

10. 漸喻以理(점유이리) :

11. 過江須用錢(과강수용전) :

고전으로 배우는 행복한 삶의 지혜

제5강 우애(友愛)

의좋은 형제자매, 든든한 배경

한자성어 중에 "절전지훈(折箭之訓)"이란 말이 있다. 이 말은 가느다란 화살도 여러 개가 모이면 꺾기 힘들 듯, 여러 형제자매들이 협력하면 어떤 어려움도 극복할 수 있다는 뜻이다.

실제로 동기간에 어려운 일이 생겼을 때 가장 먼저 발 벗고 나서는 사람은 피를 나눈 형제자매다. 이러한 현상은 예나 지금이나 다를 바 없는 인간 본연의 도리임에 확실하다. 3,000년 전 중국에서 지어 노래했던 시가 속에서도 이런 점을 그대로 반영하고 있으니, 오늘날 아무리 과학이 발달하고 사회가 바뀌었다 해도 이러한 인륜의 기본은 조금도 변함이 없는 것 같다. ≪시경≫ 중의 녹명지십(鹿鳴之什)에 보면 다음과 같은 내용이 중간 중간 나온다.

범금지인 막여형제
凡今之人은 莫如兄弟니라

(지금의 사람 중에, 형제만한 사람 없다네.)

형제혁우장 외어기무
兄弟鬩于牆이나 外禦其務니라

(형제가 집안에서는 서로 다투어도, 밖에서는 그 모멸을 막아준다.)

빈이변두 음주지어 형제기구 화락차유
儐爾籩豆하야 飮酒之飫라도 兄弟旣具라 和樂且孺니라

(맛있는 음식으로 너를 불러 술을 물리게 마시며 즐긴다 해도, 형제가 모두 모여야 아이처럼 화락하고 또 사랑스러워진다.)

처자호합 여고슬금 형제기흡 화락
妻子好合이 如鼓瑟琴이라도 兄弟旣翕이라야 和樂

차 담
且湛이니라

(아내와 자식들이 잘 어울려 거문고 소리를 내어도, 형제가 화합이 되어야 화락하고 또 즐거워진다.)

이 처럼 그 옛날에도 형제가 위급할 때 친구들은 탄식만 할 뿐이나, 발 벗고 나서는 사람은 역시 형제였다. 집 안에서는 형제들이 서로 다투어도, 밖에 나가서는 서로 바람막이가 되어 주었다. 의좋은 형제를 그린 한 편의 동화를 보는 것만 같다. ≪사자소학≫에서도 형제간의 관계와 관심을 다음과 같이 말하고 있다.

아 유 환 락 형 제 역 락 아 유 우 환 형 제
我有歡樂이면 兄弟亦樂하고 我有憂患이면 兄弟
역 우
亦憂니라

(나에게 기쁨과 즐거움이 있으면 형제들도 즐거워하고, 나에게 근심과 걱정이 있으면 형제들도 근심하느니라.)

수 유 타 친 기 약 형 제 형 제 화 목 부 모
雖有他親이나 豈若兄弟리오 兄弟和睦이면 父母
희 지
喜之니라

(비록 다른 친척이 있으나 어찌 형제와 같겠는가? 형제가 화목하면 부모님께서 기뻐하시느니라.)

수도 없이 동기간의 우애를 강조하고 있지만, 그러나 세상에는 또 인간답지 못한 패륜아도 간혹 있으니 참으로 안타까울 뿐이다. 아래 글은 이런 점을 지적하고 있는 것이다. ≪인생필독≫ 중의 내용이다.

형 제 상 해 불 여 로 인 형 제 불 화 교 우 무 익
兄弟相害면 不如路人이라 兄弟不和면 交友無益
이라

(형제간에 서로 해를 끼치면 길가는 나그네만도 못하다. 형제가 서로 화목하지 못하면 친구를 사귀어도 유익함이 없다.)

라고 하였다.

그런데, 평소에는 그렇게 사이좋던 동기들이 어느 날 갑자기 다투더니 원수가 되고, 나아가서는 심한 경우 살인까지 하는 경우가 생기기도 하는데, 그런 비극의 발단은 십중팔구 돈과 욕심 때문인 경우가 많다. 그래서 돈이란 행복을 가져다주는 요술 방망이와도 같은 것이지만, 언제나 검은 그림자를 끌고 다니기 때문에 돈을 잘 다룰 줄 아는 지혜가 필요하다.

▒ 우애를 좀 먹는 재물과 욕심

어느 기사에 보니 형제가 재미삼아 카드 도박을 했다가 형이 돈을 잃자 흥분해서 동생에게 흉기를 휘둘러 중상을 입히고 판돈을 빼앗아 달아났다가 뒤에 강도 살인미수로 붙잡혀 들어갔다는 이야기가 있었다. 형은 조사에서 "돈을 많이 잃었는데도 동생이 개평을 적게 주려고 해서 순간적으로 흥분했던 것 같다."고 진술했다. 어찌 형제자매간에 "도박"이란 말이 어울리며, 어찌 "개평" 때문에 이런 결과가 나올 수 있단 말인가? 어린 학동들에게 가르치는 ≪사자소학≫에서는 다음과 같이 타이르고 있다.

분무구다 유무상통 사기의식 이적
分毋求多하며 有無相通하라 私其衣食이면 夷狄
지도
之徒니라

(나눌 때에는 많이 가지려고 욕심을 내지 말고, 가진 것이 있든 없든 서로 통하도록 하라. 형제간에 그 의복과 음식을 사사로이하면 오랑캐의 무리이다.)

형무의복 제필헌지 제무음식 형
兄無衣服이어든 弟必獻之하고 弟無飮食이어든 兄

필 여 지
必與之하라

(형에게 입을 옷이 없거든 아우가 반드시 드리고, 아우에게 먹을 음식이 없거든 형이 반드시 주어라.)

일 배 지 수 필 분 이 음 일 립 지 식 필 분
一杯之水라도 必分而飮하고 一粒之食이라도 必分
이 식
而食하라

(한 잔의 물이라도 반드시 나누어 마시고, 한 알의 음식이라도 반드시 나누어 먹어라.)

다음은 ≪소학≫에서 소개하고 있는 형제간의 깊은 우애에 관한 이야기다.

수 이 부 상 서 우 홍 제 필 호 주 이 후 상 취
隋吏部尙書牛弘의 弟弼이 好酒而酗하더니 嘗醉
사 살 홍 가 거 우 홍 환 택 기 처 영
하여 射殺弘駕車牛한대 弘이 還宅이어늘 其妻迎
위 홍 왈 숙 사 살 우 홍 문 무 소 괴 문
謂弘曰 叔이 射殺牛라호되 弘이 聞하고 無所怪問
직 답 왈 작 포 좌 정 기 처 우 왈 숙
이요 直答曰 作脯하라 坐定이어늘 其妻又曰 叔이
사 살 우 대 시 이 사 홍 왈 이 지 안
射殺牛하니 大是異事로이다 弘曰 已知라하고 顔
색 자 약 독 서 불 철
色自若하여 讀書不輟하니라

(수나라 이부상서 우홍의 아우 필이 술을 좋아하고 주정이 심하였는데, 일찍이 술에 취하여 홍의 수레를 끄는 소를 쏘아 죽였다. 홍이 집에 돌아오니 그 아내가 홍을 맞아 말하기를, "시동생이 소를 쏘아 죽였다."고 하였다. 홍은 이 말을 듣고 이상하다는 듯이 묻지 않고 대답하기를, "포를 만들라"고 하였다. 자리에 앉자 그 아내가 또 말하기를, "시동생이 소를 쏘아 죽였으니 매우 괴이한 일이다."라고 하였다. 홍이 말하기를, "이미 알았다." 하고는 얼굴빛을 태연히 하고 글 읽기를 쉬지 않았다.)

그리고 ≪사자소학≫에서는 또 이렇게 적고 있다.

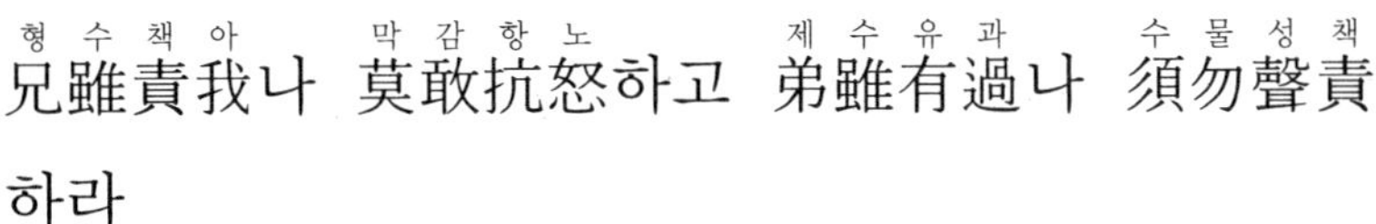

형수책아 막감항노 제수유과 수물성책

兄雖責我나 莫敢抗怒하고 弟雖有過나 須勿聲責하라

(형이 비록 나를 꾸짖더라도 감히 항거하고 성내지 말아야 하며, 아우가 비록 잘못이 있더라도 모름지기 큰소리로 꾸짖지 말라.)

누구나 잘못을 할 수 있다. 동생의 잘못에 대하여 형이 꾸중을 할 수도 있지만, 때로는 다정하게 타이르는 것이 훨씬 효과적인 경우가 많다. 이런 것도 습관이 되면 형제간의 우애도 더욱 깊어질 수가 있게 된다.

형제유선 필예우외 형제유실 은이물양

兄弟有善이어든 必譽于外하고 兄弟有失이어든 隱而勿揚하라

(형제 중에 잘한 일이 있으면 반드시 밖에서 칭찬을 하고, 형제 중에 잘못이 있으면 숨겨주고 드러내지 말라.)

형제들이 서로를 위하는 모습이다. 이런 모습은 주로 자녀들이 성장하는 과정에서 자주 볼 수 있는 현상이다. 특히 부모님과 자식들 간에 마찰이 생겼을 때, 자식들은 서로를 감싸고 보호해 주려는 그런 모습 말이다. 좋고 나쁨을 떠나서 이런 과정에서 의리를 배우고 사회생활의 기초를 배우게 된다.

형제유난 민이사구 형능여차 제역효지

兄弟有難이어든 悶而思救하라 兄能如此면 弟亦效之리라

(형제간에 어려운 일이 있으면 근심하고 구원해 주기를 생각하라. 형이 능히 이와 같이 하면 아우도 본받으리라.)

금보다 귀중한 형제자매간의 우애

형만한 아우 없다 하였다. 형이 다소 희생이 되더라도 앞장서서 동생들을 보호하고 인도하게 되면 자연스럽게 형에 대한 존경으로 되돌아오게 된다. ≪격몽요결≫에서 말하기를

> 兄弟는 同受父母遺體하여 與我如一身하니 視之를 當無彼我之間하여 飮食衣服有無를 皆當共之니라
>
> (형제는 부모가 남겨주신 몸을 함께 받아서 나와 한 몸과 같으니, 형제 보기를 너 나 구분이 없이, 음식과 의복이 있든 없든 모두 같이 해야 한다.)

라고 하였다. 형제 중에 누구는 춥고 배고픈데, 누구는 배부르고 따뜻해서는 안 된다는 얘기다. 공동 운명체가 되어 항상 동고동락하라는 말이다. 그래서 글에서는 윗글에 이어서 구체적으로 이렇게 말한다.

> 設使兄飢而弟飽하고 弟寒而兄溫이면 則是一身之中에 肢體或病或健也니 身心이 豈得偏安乎아
>
> (가령 형은 굶주리고 있는데 아우는 배부르고, 아우는 추워하고 있는데 형은 따뜻하다면, 이는 한 몸 중의 어떤 지체는 병들고 어떤 것은 건강한 것과 같으니, 몸과 마음이 어찌 한쪽만 편안할 수 있겠는가?)

고려 공민왕 때 있었다고 하는 형제에 관한 설화 하나가 있다. "형제투금(兄弟投金)"이라고 하는 이 설화는 형제간의 우애가 얼마 만큼이었는지를 가늠하게 해 주는 아름다운 이야기다.

고려 공민왕 때 형제가 길을 가다가 황금을 주웠다. 둘이 다정하게 금을 나눠 가진 후, 형제는 배를 타고 양천강(陽川江)을 건너게 되었는데, 별안간 아우가 금덩어리를 강물에 던져버렸다. 형이 그 이유를 묻자 아우가 말하기를, "내가 평소에 형을 사랑했는데, 지금 금덩어리를 나누어 가지고 보니 형이 미워 보입니다. 그래서 이 상서롭지 못한 물건을 차라리 강물에 던지고 잊어버리려고 그랬습니다."라고 하였다. 이에 형도 "네 말이 과연 옳구나."라고 하며 형 역시 금덩이를 강물에 던져버렸다는 것이다.

현실적으로는 이해가 되지 않는 어리석은 형제들의 바보짓이라 할지 모르겠다. 하지만 이들의 바보짓이 오늘날 큰 스승으로 작용될 수 있다는 것은, 너무나 영악한 세상에서 형제간에 우애가 자꾸만 이기적으로 변해가고 있기 때문이다.

생각나누기

1. 折箭之訓(절전지훈) :

2. 我有歡樂 兄弟亦樂(아유환락 형제역락) :

3. 我有憂患 兄弟亦憂(아유우환 형제역우) :

4. 兄弟和睦 父母喜之(형제화목 부모희지) :

5. 兄弟相害 不如路人(형제상해 불여로인) :

6. 兄弟不和 交友無益(형제불화 교우무익) :

7. 分毋求多 有無相通(분무구다 유무상통) :

8. 私其衣食 夷狄之徒(사기의식 이적지도) :

9. 兄無衣服 弟必獻之(형무의복 제필헌지) :

10. 弟無飮食 兄必與之(제무음식 형필여지) :

11. 一杯之水 必分而飮(일배지수 필분이음) :

12. 一粒之食 必分而食(일립지식 필분이식) :

13. 兄雖責我 莫敢抗怒(형수책아 막감항노) :

14. 弟雖有過 須勿聲責(제수유과 수물성책) :

15. 兄弟有難 悶而思救(형제유난 민이사구) :

제6강 예의(禮儀)

▒ 예의는 상대에 대한 존경의 표현

예의란 스스로를 낮추어서 다른 사람을 공경하는 것을 말한다. 다른 사람을 배려하면서 고상하게 행동을 하면 자신은 물론이고 상대방의 품위나 격조도 함께 높아진다. 그래서 공자는 제자들에게 예의를 배우지 않으면 사회에서 입신할 수 없다는 말로 예의의 중요성을 강조하기도 하였다.

사회는 대인관계 속에서 조직이 되고, 그 조직은 예의에 의해서 유지가 된다. 따라서 사람이 예의에 벗어난 행동을 하게 되면 사회생활을 하는데 많은 애로사항을 겪게 되고, 사람대접을 받지 못하게 된다. 함께 사는 세상에서 사람이 사람대접을 받지 못한다면 이는 동물이나 다를 바 없지 않겠는가?

예의는 서로 간에 인정을 받고 인간대접을 받는다는 생각이 들게 하여, 자기 자신의 존재에 큰 의미를 느낄 수 있도록 해 준다. 그리고 예의를 지킴으로써 상호간에 친밀감과 유대를 강화시켜나갈 수 있어서, 서로가 계속적으로 발전적 관계를 유지시켜 나갈 수가 있게 된다. 이것이 곧 건강하고 행복한 사회를 만드는 기초가 되며, 각자가 성공적인 삶을 사는데 지름길이 되는 것이다.

우리는 유학의 중심사상을 이야기할 때 주로 "인(仁)"을 이야기하는데, 여기에는 인간에 대한 "존중"이 포함되어 있다. 그 인간 존중의 규범이 곧 예의로 표현되는 것이다. 그래서 공자는 ≪논어≫에서 다른 사람에게 공손하고 예의를 다 했을 때의 그 소득을 다음과 같이 말하고 있다.

군 자 경 이 무 실　　여 인 공 이 유 례　　사 해 지 내
君子敬而無失하며　與人恭而有禮면　四海之內가

개 형 제 야　　군 자 하 환 호 무 형 제 야
皆兄弟也니　君子何患乎無兄弟也리오

(군자는 공경하여도 잃게 되는 것이 없으며, 사람들에게 공손하고 예가 있으면 사해 안이 다 형제이니, 군자가 어찌 형제 없는 것을 근심하리오.)

라고 하였다. 사람이 자신을 알아주고 보호해 주려는 친구를 얻는다는 것은 천하를 얻은 것이나 다를 바 없는 것이다. 그 천하를 얻는 출발은 곧 상대에 대한 예의에서 시작되는 것이다.

▒ 예의의 대가는 태산처럼 크다

다른 사람을 배려하는 공손한 예의는 마음의 문을 열게 하는 열쇠라고 할 수 있다. 그래서 영리하지는 못해도 예의가 바르고 남을 존중할 줄 아는 사람은 어디에서나 따뜻한 대접을 받고, 작은 투자에도 큰 대가를 받게 되어 있다. 이러한 예의는 먼저 가정에서 가족 간에 연습이 되고 습관이 되어야 사회에 나가서도 자연스럽게 표현이 될 수 있는 것이다. 예의 바른 행동은 한 번 배워두면 평생을 가기 때문에 반드시 어려서 체질화되도록 교육을 잘 받는 것이 중요하다.

예절의 가장 기본은 겸손이다. 그래서 ≪서경≫에서는

만 초 손　　겸 수 익
滿招損하고 謙受益이니라

(가득 차면 기울게 되고, 겸손하면 이익을 받는다.)

라고 하였다. 겸손은 자기가 잘 난 것에 대하여 자만하지 않고, 남이 부족하거나 잘못 하는 것에 대하여 멸시하지 않는 것에서 잘 표현이 된다. 특히 사람이 높은 지위에 오르거나, 돈을 많이 벌어 부자가 되었을 때 남에게 과시를 하고 남들을 무시하는 오만방자한 행동을 보이는 경우가 많다. 그래서 ≪좌전≫에서는

부 이 불 교 자 선　　교 이 불 망 자　　미 지 유 야
富而不驕者鮮하고 驕而不亡者는 未之有也니라

(부유함으로 교만하지 않는 자가 드물고, 교만으로 망하지 않은 자는 아직 없었다.)

라고 하여 교만이 곧 패망을 초래한다고 강조하고 있다.

▩ 겸손한 사람이 풍기는 천리향 같은 향기

≪탈무드≫에 보면 겸손에 관한 이런 이야기가 있다.

랍비가 중대한 문제를 결정하기 위해 여섯 사람을 초대했는데 일곱 명이 왔더란다. 말하자면 그 중에 초대받지 않은 사람이 한 명 있었던 것이다. 랍비는 그 한 명이 누군지 몰라 큰 소리로 "여섯 명 중에 초대받지 않은 한 사람은 돌아가 달라."고 하였다. 그랬더니, 그 중에 빠져서는 안 될 가장 존경받는 중추적인 인물이 일어나서 밖으로 나갔다는 이야기다. 그는 모임에 잘못 찾아온 사람에게 창피를 주지 않기 위해서 자신을 낮추었던 것이다. 그 겸손의 결과는 얼마나 감동적이며 얼마나 주위를 따뜻하게 만들어 주는가? 이처럼 겸손은 교만함보다 훨씬 사람의 가치와 인품을 높여주고 빛나게 해 주는 귀한 보석과도 같은 것이다.

다음은 ≪명심보감≫에서 태공(太公)의 말을 인용한 것인데, 같은 맥락의 이야기다.

물이귀기이천인　물이자대이멸소　물이시
勿以貴己而賤人하고 勿以自大而蔑小하고 勿以恃

용이경적
勇而輕敵이니라

(자신을 귀하게 여김으로써 남을 천하게 여기지 말고, 자신을 크게 함으로써 자기보다 못한 남을 업신여기지 말며, 용맹을 믿고서 적을 가볍게 여기지 말라.)

중국말에 "자대일점(自大一點)"이라는 말이 있다. "자대(自大)함"에 점 하나를 더한다는 말이다. 즉, 이는 곧 스스로의 위대함을 뽐내면 "냄새"만 풍기게 되는 "취(臭)"라는 글자가 된다는 말이다. 그래서 ≪천자문≫에서도 비슷한 이야기를 하고 있다.

罔談彼短하고 靡恃己長이라

(다른 이의 단점을 말하지 말며, 자신의 장점을 믿지 말라.)

이는 노자가 ≪도덕경≫에서 강조한 말과도 잘 통한다.

江海所以能爲百谷王者는 以其善下之라 故能爲百谷王이니라

(강과 바다가 모든 계곡의 왕이 될 수 있는 까닭은, 아래로 잘 흘러갈 줄을 알기 때문에 모든 계곡의 왕이 될 수 있는 것이다.)

그리고 ≪성경≫에서도 자신을 낮추는 자는 높아질 것이며, 자신을 높이는 자는 낮아질 것이라 말했다. 이처럼 그 어떤 사상이나 종교에서도, 그 어떤 시대나 지역에서도 자신을 낮추려고 하는 겸손함과 반듯한 예의는 그가 큰 그릇으로 태어날 수 있는 확실한 기초가 된다는 사실을 강조하고 있는 것이다.

예의는 가정에서 쉬운 것부터

사람에게 있어서 귀한 것은 성품이다. 이 성품은 자칫 잘못하면 좋지 못한 쪽으로 변질이 되기 쉽다. 성품이 변질되어 악한 모습으로 자리를 잡고 나면 이를 바로잡는데 아주 힘이 들게 되어 있다. 따라서 ≪경행록≫은 다음과 같이 말하고 있다.

人性이 如水하여 水一傾則不可復이요 性一縱則

불가반 제수자 필이제방 제성자 필
不可反이니 制水者는 必以堤防하고 制性者는 必
이예법
以禮法이니라

(사람의 성품은 물과 같아서 물이 한 번 엎질러지면 주워 담을 수가 없고, 성품은 한 번 방종해지면 되돌릴 수가 없으니, 물을 제어하는 것은 반드시 제방(堤防)으로써 하고, 성품을 제어하는 것은 반드시 예법으로 해야 한다.)

성품은 곧 "예법"으로 제어를 해야 한다고 했는데, 선조들은 그 예법을 자연스럽게 실천할 수 있는 방법으로 다음과 같은 네 가지 방법을 제시하고 있다.

비례물시 비례물청 비례물언 비례
非禮勿視하며 非禮勿聽하며 非禮勿言하며 非禮
물동
勿動이니라

(예가 아니면 보지 말며, 예가 아니면 듣지 말며, 예가 아니면 말하지 말며, 예가 아니면 움직이지 말아야 한다.)

보고, 듣고, 말하고, 움직이는 모든 동작을 예에 맞게 한다는 것이 그리 쉬운 일은 아니다. 그러나 가정교육에서 조금만 신경을 쓴다면 충분히 훌륭한 예의범절이 몸에 붙게 되고, 또 연습을 통해서 자연스럽게 체질화가 될 수 있는 것이 예의범절이다.

어떤 학생의 예의범절이 어찌나 바르기에 선생님이 물었단다. "부모님이 어떻게 가르치셨기에 이렇게 예의가 바르고 공손할까?"라고 했더니, "저희 집에서는 평소에 다 이렇게 해요."라고 하더란다. 역시 가정에서 멋대로 하던 예의범절이었다면, 학교에서 사회에서 이런 평가를 받을 정도로 아름다운 모습을 보여줄 수 있었을까? ≪소학≫에서는 횡거(橫渠) 선생의 말을 인용하여 다음과 같이 적고 있다.

학자사례의 즉포식종일 무소유위 여
學者捨禮義면 則飽食終日하여 無所猷爲하여 與

하민일치
下民一致라

(학문하는 사람이 예의를 버린다면, 배불리 먹기만 하면서 하루를 보내고 아무 것도 꾀하는 일이 없어서, 하급 백성들과 다를 것이 없다.)

일상의 예의, 아첨과는 다른 것

≪격몽요결≫에는 모든 행동에 대한 예의 지침을 종합적으로 설명하고 있는데, 이를 보면 다음과 같다.

범시선생장자 당질문의리난효처 이명기학
凡侍先生長者에 當質問義理難曉處하여 以明其學하라

(무릇 선생과 어른을 모실 적에는 마땅히 의리 중에서 깨우치기 어려운 부분을 질문하여 그 배움을 분명히 해야 한다.)

시향당장로 당소심공근 불방언어 유문즉경대이실
侍鄉黨長老에 當小心恭謹하여 不放言語하여 有問則敬對以實하라

(고을 어르신들을 모실 적에는 조심하고 공손하며 삼가서 말을 함부로 하지 아니하며, 질문이 있으면 공경스럽게 사실대로 대답해야 한다.)

여붕우처 당이도의강마 지담문자의리이이 세속비리지설 급시정득실 수령현부 타인과악 일절불가괘구
與朋友處에 當以道義講磨하여 只談文字義理而已요 世俗鄙俚之說과 及時政得失과 守令賢否와 他人過惡은 一切不可掛口하라

(붕우와 함께 거처할 때는 마땅히 도의(道義)를 강마(講磨)하고, 다만 문자와 의리만을 말할 뿐, 세속의 더러운 말과 당시 정치의 잘잘못과 수령의 어질고 어질지 못함과 타인의 허물과 악행을 일절 입에 올리지 말아야 한다.)

여향인처 수수문응답 이종불가발비설지언
與鄕人處에 雖隨問應答이나 而終不可發鄙褻之言

수장률자지 이절불가존긍고지색 유
하며 雖莊栗自持나 而切不可存矜高之色이요 惟

당이선언유액 필욕인이향학
當以善言誘掖하여 必欲引而向學하라

(고을 사람과 함께 거처할 때는 비록 질문에 따라 응답하더라도 끝까지 비루한 말을 해서는 안 되며, 비록 엄숙한 몸가짐을 스스로 지키더라도 절대로 자랑하고 고상한 체하는 기색을 보이지 말 것이며, 오직 좋은 말로 타이르고 이끌어서, 반드시 그를 인도하여 학문으로 향하고자 하는 마음을 가지게 하라.)

여유자처 당순순언효제충신 사발선심
與幼者處엔 當諄諄言孝悌忠信하여 使發善心이니

약차불이 즉향속 점가변야
若此不已면 則鄕俗을 漸可變也리라

(어린아이와 함께 거처할 때는 마땅히 간절하게 효제충신의 도리를 말해주어 착한 마음이 일어나도록 해야 할 것이니, 이와 같이 하는 것을 그치지 않는다면 고을의 풍속을 점점 변화하게 할 수 있을 것이다.)

≪논어≫에서는 "사군진례, 인이위첨야(事君盡禮, 人以爲諂也)"라고 하여 "임금을 모실 때 예를 다하는 것을 보고 사람들은 아첨이라 여긴다."라고 지적하고 있는데, "예(禮)"는 근본적으로 "아첨"과는 차원이 다른 것이다. "예"란 그 누구에게나 아무런 반대급부를 바라지 않고 자연스럽게 표현하게 될 때 진정 아름다운 향기를 풍기게 되며, 새로운 "인격"으로 다시 태어나게 되는 것이다.

오늘날 우리는 "에티켓"이니 "매너"니 하는 이야기를 자주 한다. 이런 말 역시 모두 예의의 범주에서 나온 표현이다. 에티켓이란 곧 예의에 대한 "행동기준"을, 매너는 그 기준에 대한 "실천"을 말한다. 예컨대 머릿속에 머물러 있을 때는 "에티켓"이고, 손끝 발끝에서 행동으로 옮겨질 때는 "매너"라고 비유하면 적절할 것이라고 설명하는 사람도 있다. 이런 일화가 있다.

언젠가 엘리자베스 영국 여왕이 외국 관리를 만찬에 초대했는데, 그 나라의 문화를 잘 몰랐던 외국 관리가 식사 전에 손을 씻는 "핑거볼(finger bowl)의 물"을 마시는 걸로 알고 마셔버렸단다. 이 때 엘리자베스 여왕은 그들이 당황하지 않도록 자신도 그 물을 함께 마셨더란다. 즉 엘리자베스 여왕은 에티켓에는 어긋났지만 상대방에 대한 배려와 자신을 낮추는 겸손을 통해 훌륭한 매너를 보여 준 셈이다.

생각나누기

1. 敬而無失(경이무실) :

2. 恭而有禮(공이유례) :

3. 滿招損(만초손) :

4. 謙受益(겸수익) :

5. 富而不驕(부이불교) :

6. 貴己而賤人(귀기이천인) :

7. 自大而蔑小(자대이멸소) :

8. 恃勇而輕敵(시용이경적) :

9. 罔談彼短(망담피단) :

10. 靡恃己長(미시기장) :

11. 其善下之(기선하지) :

12. 水一傾則不可復(수일경즉불가복) :

13. 非禮勿視(비례물시) :

14. 非禮勿聽(비례물청) :

15. 非禮勿言(비례물언) :

16. 非禮勿動(비례물동) :

제7강 정직(正直)

▩ 정직하면 세상에 부끄러울 것이 없다

정직이란 거짓이나 꾸밈이 없이 마음이 곧고 올바른 것을 말한다. 이 정직은 순수한 성선(性善)에 그 뿌리를 두고 있어서, 주로 마음이 착한 사람들에게서 그 모습을 쉽게 볼 수가 있다. 착한 사람들은 정직하기 때문에 결코 남에게 해가 되는 일을 하거나 또 남의 것을 탐하지 않는다. 그래서 정직한 사람들이 많은 사회에서는 사기가 있을 수 없고, 부패나 범죄가 있을 수 없다.

함께 사는 사회 속에서 대인관계에 가장 근본이 되는 것은 믿음이다. 이 믿음은 오직 정직을 통해서 이룰 수 있는 덕목이기 때문에, 다른 사람과 함께 있거나 혼자 있거나, 현재에나 미래에나 항상 고개 들어 하늘에 부끄럽지 않도록 노력할 일이다.

사람들 중에는 눈앞의 이익에만 급급하여 정직하면 손해를 본다고 생각하는 사람들도 있다. 하지만 긴 안목에서 볼 때 정직은 결코 손해를 주는 것이 아니라 크나큰 이익을 주고 그 열매가 풍성하도록 도와주는 "보험"과 같은 것으로 이해하면 좋을 것이다. 누구든 신뢰가 쌓이고 정직함이 증명되면 그 어떤 매체로 광고한 것보다 더 큰 효과를 가져다주게 되어 있다. 특히 사업을 하는데 있어서는 더욱 그러하다. 그래서 광고 중에서도 가장 효과가 큰 광고는 방송도 아니고 신문도 아닌 "입소문"이라고 말을 하기도 한다.

정직이란 사업만을 위해서 필요한 것이 아니라, 인간이면 기본적으로 갖추어야 할 덕목이요, 실천적 요소이기 때문에 어려서부터 이 정도(正道)에 따라 위선 없이 양심껏 살 수 있도록 교육이 되어야 할 대목이다.

그래서 중국에서는 다음과 같은 속담이 ≪노학구어≫에 소개되고 있다.

정인수정　　천지소희　　니방부타　　천야애니
正人守正이라 天之所喜요 你幇扶他면 天也愛你

니라

(정직한 사람은 그 정직함을 지키기 때문에 하늘이 그를 좋아한다. 당신이 다른 사람을 도와주면 하늘도 당신을 사랑해줄 것이다.)

라고 하였다. 앤드류 매튜스의 명언은 오늘을 사는 우리에게 큰 스승이 되어준다. 그는 말하기를 "요령 있게 있는 그대로를 말하라. 다른 사람들을 정직하게 대하는 것은 그들을 존중한다는 뜻이기도 하며, 또 자신을 존중한다는 뜻이기도 하다. 게다가 정직은 일을 훨씬 더 간단하게 만들어준다."라고 하였다.

정직함이 때로는 손해를 줄 것만 같은 그런 느낌이 들 때도 있지만, 최후의 승리는 분명히 정직이 차지하게 되며, 그 정직이 일을 훨씬 수월하게 해 준다는 사실을 우리는 살면서 수없이 경험하게 된다.

정직은 하늘과 자신과의 약속

정직함이 때로는 빛을 보지 못하고 억울하게 무시되는 듯이 보일 때도 있지만, 그 정직의 위력이 힘을 잃은 것이 결코 아니다. 위선은 잘 포장이 되어서 언제까지나 드러나지 않을 것 같을 때도 있지만, 그러나 그것은 언제나 활화산처럼 터져나와 폭발할 분출구를 찾고 있는 중이며, 결코 드러나지 않을 것이 아니다. 그래서 선조들은 언제나 정직을 강조해 왔고, 그리고 정직한 사람은 언젠가는 보상을 받고 빛을 발하게 될 것이라 가르쳐왔다. ≪후한서≫에 나오는 일화는 오늘날 우리들에게 어떤 태도로 정직함을 유지할 것인지를 잘 말해주고 있다.

후한(後漢) 때 양진(楊震)이란 상서학자(尙書學者)가 있었다. 그는 해박한 지식을 가지고 있어서 당시 "관서(關西)의 공자"라는 칭호를 가지기도 하였다. 뒤에 양진이 동래(東萊) 태수가 되었을 때 왕밀(王密)이란 현령이 와서, "밤중의 일이라 아는 사람이 없으니 안심해도 좋다."면서 잘 봐달라고 뇌물을 바쳤다. 이 때 양진은 다음과 같이 말했다.

천지 신지 아지 자지 하위무지
天知요 神知요 我知요 子知인데 何謂無知오

(하늘도 알고, 신(神)도 알고, 나도 알고, 당신도 아는데, 어찌 아무도 모른다고 말하는가?)

즉, 왕밀은 이렇게 비밀스럽게 이루어지는 두 사람의 일이기 때문에 아무도 모를 것으로 보았지만, 양진은 그렇다할지라도 알고 보면 "넷이 모두 알고 있다."고 하면서, 그 청렴과 정직함을 지키고자 하였다. 이로부터 후세에서는 이 "사지(四知)" 고사를 가지고 청렴함을 강조할 때 주로 인용을 많이 하고 있다. 역시 그 근간(根幹)에는 정직이 바탕으로 깔려 있다. 그래서 ≪경행록≫에서도 혼자 있을 때의 몸가짐도 신중하며 정직하게 하라는 말을 다음과 같이 강조하고 있다.

좌밀실 여통구 어촌심 여육마 가면과
坐密室을 如通衢하고 馭寸心을 如六馬면 可免過니라

(밀실에 앉아서도 마치 네거리와 통해 있는 것처럼 여기고, 작은 마음을 제어하기를 마치 여섯 필의 말을 부리듯 하면 허물을 면할 수가 있다.)

모든 것은 습관이다. 밀실에 앉아서도 행동을 조심하고, 작은 마음 하나도 정직하게 최선을 다하는 좋은 습관, 그것은 마침내 그 사람의 멋진 인격을 만들어 주게 될 것이다.

정직함을 잃으면 모든 것을 잃게 된다

일시적으로 정직을 가장할 수는 있을지 모른다. 하지만 그로 인해 영원히 행복할 수 있을 것이라는 생각은 참으로 유치한 생각이다. 결코 행복할 수 없으며 또 영원할 수도 없는 것이다. 언젠가는 그 대가를 치르는 것이 하늘의 이치다.

이런 이야기가 있다.

한 농부와 빵장수가 있었다. 농부는 매일 빵장수에게 1파운드의 빵을 사 주는 대신, 빵장수는 농부에게 1파운드의 버터를 사 주었다. 어느 날 버터가 적어 보인다고 생각한 빵장수가 저울로 달아보았더니 양이 훨씬 부족하였다. 이에 농부는 고발을 당했고 재판을 받게 되었다. 심문을 받던 농부는 이렇게 말하였다. "저는 무식할 뿐더러 저울도 잘 못 봅니다. 다만 하나의 방법대로 하고 있을 뿐입니다. 빵장수가 저한테 1파운드 버터를 사기 전에 저는 그 사람한테 1파운드의 빵을 삽니다. 그 빵을 청평저울에 올려놓고 똑같은 무게만큼 버터를 준답니다. 아마 무게에 잘못이 있었다면 어쩌면 빵장수 저울이 잘못되었을 것입니다."라고 하였다. 정직한 농부가 고발을 당했을 때 당황하거나 불안했을까? 그래서 내가 다른 사람에게 대우해준 만큼 대접받을 자세가 되어 있다면 누구를 원망할 사람도 없고 또 불평불만도 있을 수가 없게 될 것이다. 그리고 그 어떤 사람에게도 떳떳하고 부끄러울 것이 없을 것이다. 그래서 ≪명심보감≫에서는 이렇게 말하고 있다.

심 불 부 인　　　면 무 참 색
心不負人이면 面無慚色이니라

(마음이 남을 저버리지 않았으면 얼굴에 부끄러운 빛이 없다.)

그리고 당대(唐代) 때 한유(韓愈)는 ≪여맹상서서≫에서

앙 불 괴 천　　　부 불 괴 인　　　내 불 괴 심
仰不愧天이요 俯不愧人이요 內不愧心이라

(고개를 들어 하늘에 부끄럽지 않고, 고개를 숙여 사람들에게 부끄럽지 않으며, 안으로는 마음에 부끄럽지 않다.)

고 하였다. 그리고 한대(漢代) 때 유안(劉安)은 말하기를,

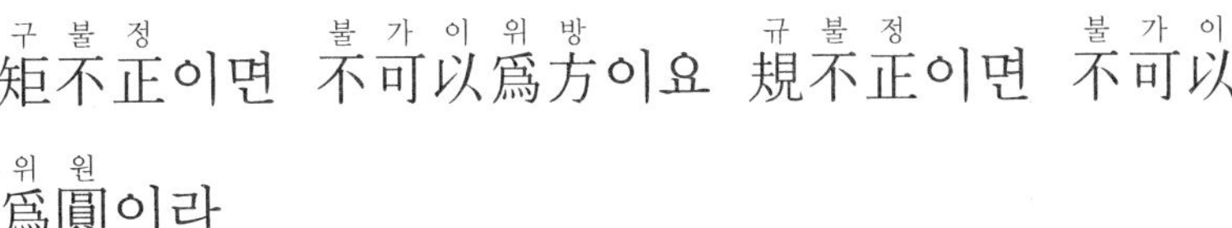

(곱자가 바르지 못하면 직선을 그릴 수가 없고, 컴퍼스가 정확하지 못하면 동그라미를 그릴 수가 없다.)

라고 하였다. 여기서 말하는 "곱자"와 "컴퍼스"는 곧 우리 인간들이 사고하고 행동하는데 필요한 기본적인 규범, "정직"에 해당하는 도구라 할 수 있다.

정직은 성공의 씨앗

남강(南岡) 이승훈(李昇薰) 선생은 3·1운동 때 민족대표 33인 중의 한 사람으로, 오산중학교(五山中學校)를 설립한 분이다. 남강 선생의 정직성은 오늘날 후학들의 큰 귀감이 되고 있다.

가난했던 그는 거부였던 철산 오씨에게서 사업자금을 빌려 어느 정도 자리가 잡혀갈 무렵, 전쟁으로 인해 빈손이 되었다. 그는 무작정 오씨를 찾아가 "당분간 돈을 갚을 수 없어 우선 채무 명세서만 가지고 왔는데, 기한을 조금만 늦춰주면 반드시 갚겠다."고 간청을 하였다. 오씨는 그의 정직성에 감동을 받아 이렇게 말했다. "다른 채무자들은 난리를 핑계 삼아 아무도 찾아오지 않는데, 자네만 찾아왔구먼. 자네와 같은 정직한 사람은 앞으로 큰일을 할 수 있을 것이네."라고 하면서 그의 모든 채무를 그 자리에서 탕감해주고, 오히려 많은 돈을 주면서 나라를 위해 큰일을 하도록 격려해 주었다. 바로 정직한 마음을 심어 큰 것을 얻은 감동적인 실화이다.

사람이 살다보면 자신의 부끄러운 허물도 있을 수 있고, 또 실수도 있을 수 있다. 하지만 그것이 사회 질서를 파괴하고 인륜을 해친 것과 같이 커다란 죄악이 아니라면 떳떳하고 정직하게 자신의 허물과 실수를 인정하고 겸손하게 나아가면 분명 그 결과는 좋게 될 것이다. ≪격몽요결≫에서는 다음과 같이 말하고 있다.

약 문 과 자 변　효 효 연 불 치　필 욕 치 신 어 무 과
若聞過自辨하며 曉曉然不置하여 必欲置身於無過

지 지　즉 기 과 유 심 이 취 방 익 중 의
之地면 則其過愈甚而取謗益重矣리라

(만약 허물을 듣고도 스스로 변명을 하며, 시끄럽게 떠들면서 버리지 아니하여, 반드시 자기 잘못이 없는 입장에 놓으려고 하면, 그 허물이 더욱 깊어져 훼방을 받음이 더욱 무거워질 것이다.)

변명이 필요할 때가 있지만, 대부분의 경우 그 구체적인 변명보다 잘못을 시인하고 앞으로 그런 일이 없을 것이라 각오를 보일 때, 그 효과가 훨씬 좋고 인간관계도 훨씬 돈독하게 되는 경우가 많다. 구차한 변명은 오히려 서로 간에 거리를 더 멀어지게 할 수도 있다는 점을 잘 안다면, 잘못에 대한 시인이 자연스럽게 이루어질 수도 있을 것이다.

당견(唐甄)은 "정직한 말이란 나라의 양약이요, 정직한 말을 하는 사람은 나라의 훌륭한 의사다(直言國之良藥, 直言之人國之良醫)"라고 하였다. 사람의 마음을 고칠 수 있고 나라를 고칠 수 있는 자의 능력은 다름 아닌 "정직"이라는 말이다.

생각나누기

1. 正人守正(정인수정) :

2. 天知神知我知子知(천지신지아지자지) :

3. 面無慙色(면무참색) :

4. 仰不愧天(앙불괴천) :

5. 俯不愧人(부불괴인) :

6. 內不愧心(내불괴심) :

7. 矩不正不可以爲方(구불정불가이위방) :

8. 規不正不可以爲圓(규불정불가이위원) :

9. 欲置身於無過之地(욕치신어무과지지) :

10. 直言國之良藥(직언국지량약) :

11. 直言之人國之良醫(직언지인국지량의) :

제8강 감사(感謝)

작은 감사가 모여 큰 행복이 된다

감사란, 신(神)이 우리 인간에게 내려준 너무나 아름다운 선물이다. 어떠한 순간과 처지에도 감사할 줄 아는 사람이면 그 누구나 행복을 소유할 수 있기 때문이다. 그래서 호라티우스는 이렇게 말한다.

> 사람들은 행복을 찾아서 세상을 헤매지만, 행복은 누구의 손에든지 잡힐 만한 곳에 있다. 그러나 마음속에 만족이 있지 않으면 행복을 얻을 수 없다.

그렇다. 우리들의 행복은 결코 먼 곳에 있는 것이 아니라 가까운 거리에 있다. 그럼에도 불구하고 행복을 느끼지 못하고 사는 사람들은 행복을 멀리서 어렵게 찾으려고 하기 때문이다.

세상 사람들은 크게 두 부류로 나누어진다. 하나는 감사하는 사람이요, 하나는 불평하는 사람이다. 여기서 늘 감사할 줄 아는 사람은 너무나 사소한 것에서도 감사를 찾아내고, 감사할 줄을 모르는 사람은 늘 다른 사람과 비교를 하면서 자신의 부족한 점을 찾아내어 늘 불평만을 한다. 이들 중 누가 더 행복할지는 물어보지 않아도 알 수가 있다. 감사와 행복은 가진 것의 크기가 아니라 가진 것을 어떻게 해석하느냐에 있는 것이다. 불행은 비교에서 비롯되며 부질없는 욕심에서 자라난다. 이어령 전 문화부 장관은 이렇게 말한 바 있다.

> 감사하는 마음, 그것은 자기 아닌 다른 사람을 향하는 감정이 아니라, 자기 자신의 평화를 위하는 감정이다. 감사하는 행위, 그것은 벽에다 던지는 공처럼 언제나 자기 자신에게로 돌아온다.

감사하는 마음이 마침내는 행복이라는 부메랑으로 변신하여 자신에게로 되돌아온다는 이치를 잘 설명해 준다.

희망이란 어떤 특정인에게만 제한되어 있는 것이 아니라 노력하는 사람이면 누구나 얻을 수 있고 누릴 수 있도록 "가능의 문"은 항상 열려 있다. 그래서 특별히 귀한 것이다. 그렇지만 그것도 꿈꾸는 자에게만 해당이 되는 것이니, 무슨 일이든지 "세상에 공짜란 없다."라는 이치를 항상 기억하면서 열심히 노력할 일이다.

감사는 주로 내향과 외향으로 표현이 되는데, 전자는 스스로 감사할 일에 대하여 진심으로 기뻐함으로써 자신이 행복해지는 것이고, 후자는 어떤 감사거리에 대한 고마움을 밖으로 베풀게 됨으로써 스스로가 행복해지는 것이다.

감사는 평범한 것에도 고마워할 줄 아는 귀한 마음이다. 무엇인가 세속적인 혜택을 받은 대가 때문에 감사하는 일은 너무나 당연한 것이기 때문에 크게 논할 일이 못된다. 하지만 너무나 당연하다고 생각되는 것에 대하여도, 거의 의식하지 않고 살아가는 삶 속에서도, 자잘한 감동적인 일들을 찾아내어 감사할 줄 아는 그 태도는 참으로 은혜로운 일이다. 그래서 다음과 같은 중국 속담이 나오게 되었을 것이다.

흘 수 적 불 망 도 정 적
吃水的不忘搗井的이니라

(물을 마시는 사람은 우물 판 사람을 잊지 않는다.)

이 속담처럼, 물을 마시며 우물 판 사람의 은혜에 감사할 줄 아는 사람이라면, 갈증보다 더 큰 소득을 얻었다고 할 수 있을 것이다. 숨 쉴 수 있어서 감사하고, 변을 잘 볼 수 있어서 감사하고, 이런 날씨에도 감사하고, 저런 날씨에도 늘 감사할 줄 아는 사람은 일반적으로 모든 일에 긍정적인 생각을 가지게 되어 모든 일이 형통하지 않을 수가 없을 것이다. 이렇게 감사하는 마음을 습관화시키는 것이 무엇보다 중요하지 않겠는가?

감사는 또 다른 감사를 불러 온다

받은 것이 고마워 표현하는 감사도 있지만, 반대로 자신이 베푼 은혜로 서로가 행복해서 감사하는 경우도 있으니, 이렇게 한 차원 높은 행위와 감사는 더욱 값진 것이 아니겠는가? 그러나 베푼 은혜에서 명심해야 할 것은 그 행위에서 끝나야지, 그것에 대한 대가나 반사이익을 기대하면 곤란하다는 사실이다. 그렇게 된다면 그것은 진정한 은혜도 아니요, 감사한 마음도 생길 수가 없어 결국은 불평불만으로 끝나게 될 것이 뻔하다. 그래서 ≪명심보감≫에서는 이렇게 강조하고 있다.

시은 물구보 여인 물추회
施恩이어든 勿求報하고 與人이어든 勿追悔하라

(은혜를 베풀었거는 보납을 구하지 말고, 나른 사람에게 주었거든 후회하지 말라.)

그리고 우리가 여러 인간관계 속에서 살아갈 때, 아래 속담과 같은 마음씨를 가지고 살아간다면 누군가에게 섭섭할 일도 없고 또 불평할 일도 없게 될 것이다.

득인일우 환인일마
得人一牛면 還人一馬하라

(다른 사람에게 소를 한 마리 받았으면, 그 사람에게 한 마리의 말로 갚아라.)

말은 쉬우나 실제로 행하기는 그리 쉬운 일이 아니다. 왜냐하면 일반적으로 사람들은 대부분 적게 주고 많이 받으려는 속성을 가지고 있기 때문이다. 그리고 아무리 양보를 한다고 해도 일반적으로 받은 만큼만 되돌려주려고 하기 때문이다. 그래서 ≪소서≫에서는 다음과 같은 말로 바람과 희망에 대한 경계를 강조하고 있다.

박시후망자 불보 귀이망천자 불구
薄施厚望者는 不報하고 貴而忘賤者는 不久니라

(박하게 베풀어 놓고 후하게 바라는 자에게는 보답이 없고, 몸이 귀하게 되자 천하게 살던 때를 잊어버리는 자는 오래가지 못한다.)

감사할 것이 전혀 없는데도 넘치도록 감사하여 훌륭한 삶을 살다간 사람이 있으니, 헬렌 켈러를 그 대표로 꼽을 수 있다. 그녀는 어릴 때 열병 때문에 눈과 귀와 입의 기능을 모두 잃고, 3중의 장애를 겪으며 살았던 사람이다. 그러나 그런 중에서도 그녀는 감사할 것이 2만 가지도 넘는다고 할 정도로 불평보다는 늘 세상에 감사하는 마음으로 살았다고 한다. 불굴의 투지로 장애를 극복한 그녀는 1904년 하버드대학을 우등으로 졸업하고, 3중장애의 몸으로 대학교육을 마친 세계 최초의 인물이 될 수 있었던 것이다. 뿐만 아니라 그녀는 장애인들에게 희망을 주었고, 다채로운 활동으로 "빛의 천사"라는 별명을 가졌으며, 세계적으로 장애인들의 복지에 큰 공헌을 하여 프랑스 레지옹도뇌르훈장을 받기도 하였는데, 이렇게 그녀의 위대함 역시도 감사에서 출발하였던 것이다.

행복은 감사 속에서 나온다

행복은 감사 속에서 나온다고 하였다. 그러나 은혜를 베풀어 얻게 되는 그 행복 역시도 감사로 인한 결과에 뒤지지 않을 것이다. 감사할 줄 알고, 은혜를 베풀 줄 알면 세상에서 외로울 수가 없다. 왜냐하면 감사와 은혜를 통하여 사람들을 감동시키고 좋은 이미지를 주었기 때문이다. 사람은 누구나 자기 자신에게 감사해 하고 은혜를 베푸는 사람에게 관심을 가지게 되어 있고 항상 도와주게 되어 있다. 조그마한 감사와 은혜로 인하여 크게 성공한 예는 세상에 넘치고도 넘친다.

그러나 감사하고 은혜를 베푸는 방법이나 지혜도 깊이 생각해 볼 일이다. 한문 고사 중에 "곡돌도신무은택(曲突徒薪無恩澤)"이란 말이 있다. 이는 ≪한서≫에 나오는 이야기로, "연기구멍을 구부리고, 장작을 옮기라고 한 것에는 은혜가 없다."라고 직역 된다. 이 고사를 통해 우리는 감사와 은혜에 대한 방법과 지혜를 생각해 볼 수가 있다.

> 어느 마을에 연기가 나오는 구멍을 똑바로 해 놓고 그 옆에 장작을 쌓아놓은 집이 있었다. 이웃사람이 이것을 보고 위험하니 연기구멍을 구부리고 장작도 다른 곳으로 옮기라고 일러주었다. 그러나 주인은 대꾸조차 하지 않았다. 얼마 후 화재가 났다. 다행히 마을사람들의 도움으로 진화가 되었다. 주인은 불을 꺼 준 사람들을 초대하여 잔치를 베풀었지만, 정작 충고를 해 준 이웃사람은 초대하지 않았다. 이를 본 한 사람이 초대되고 감사받을 사람이 빠졌다고 귀띔을 해 주었다. 이에 주인은 그 이웃사람도 초대를 하였다.

관심이 없고 사랑이 없다면 남의 일에 간섭할 필요도 없다. 쓴 소리도 때로는 미움 때문이 아니라, 관심 때문에 그런 말을 할 수도 있다고 생각하고 항상 좋은 방향으로 생각할 일이다.

고전 속에는 은혜에 관한 좋은 가르침이 참으로 많다.

경행록왈 은의 광시 인생하처불상봉
景行錄曰 恩義를 廣施하라 人生何處不相逢이랴
수원 막결 로봉협처 난회피
讐怨을 莫結하라 路逢狹處면 難回避니라

(≪경행록≫에서 말하기를, "은혜와 의리를 널리 베풀어라. 사람이 살면서 어느 곳에선들 서로 만나지 않겠느냐? 원수와 원한을 맺지 말라. 길이 좁은 곳에서 만나면 회피하기 어렵다."라고 하였다.)

상이온공자애 혜인제물위심 약기침인해물
常以溫恭慈愛요 惠人濟物爲心이니 若其侵人害物
지사 즉일호불가류어심곡 범인 욕리
之事는 則一毫不可留於心曲이니라 凡人이 欲利
어기 필지침해인물
於己인댄 必至侵害人物이라

(항상 온화하고 공손하고 자애로우며 남에게 은혜를 베풀고 일을 도와주려는 것을 마음으로 삼아야 할 것이니, 남을 침범하고 일을 해치는 일은 털끝만큼이라도 마음에 두어서는 안 된다. 무릇 사람들이 자기에게 이롭게 하고자 하면 반드시 남을 침해하는 데 이른다.)

비복 대아지로 당선은이후위 내득기
婢僕은 代我之勞하니 當先恩而後威라야 乃得其

心(심)이니 君之於民(군지어민)과 主之於僕(주지어복)에 其理一也(기리일야)라 君不(군불)
恤民則民散(휼민즉민산)이니 民散則國亡(민산즉국망)하고 主不恤僕則僕散(주불휼복즉복산)
이니 僕散則家敗勢所必至(복산즉가패세소필지)라

(비복들은 나의 수고로움을 대신하니, 마땅히 은혜를 먼저 베풀고 난 뒤에 위엄을 부려야 비로소 그들의 마음을 얻을 것이니, 임금이 백성에게 대하는 것과 주인이 비복에게 대하는 것은 그 이치가 똑 같은 것이다. 임금이 백성을 돌보지 않으면 백성이 흩어질 것이니, 백성이 흩어지면 나라가 망하며, 주인이 비복을 돌보지 않으면 비복이 흩어질 것이니, 비복이 흩어지면 집이 패망하게 되는 그런 형국이 반드시 이르게 되는 것이다.)

미국에서 가장 존경받는 여성 2위에 뽑히고 자신의 분야에서 최고 지도자로서 성공한 오프라 윈프리는 대학 졸업식 축사에서 이런 말을 했다고 한다.

매사에 감사해라. 고마운 일들에 대한 매일의 일지를 만들어라. 그것이 인생에서 어디에 초점을 많이 두어야 할 것인지를 알려줄 것이다.

그렇다. 오프라 윈프리는 누구보다도 감사의 힘에 대해 잘 알고 있었던 것이다. 그래서 그녀는 더 구체적으로 감사하기 위해 매일 감사할 5가지를 찾아 썼다고 한다. 예를 들면 이러하다. (1) 평안히 잠자고 이른 아침에 상쾌한 마음으로 깨어날 수 있음에 감사 (2) 이른 아침에 일어나서 푸른 하늘을 바라볼 수 있음에 감사 (3) 오후 낮 식사시간에 맛있는 식사를 할 수 있어서 감사 (4) 매사 모든 일에 인내심을 가지고 대처할 수 있어서 감사 (5) 나에게 좋은 책을 읽게 해준 작가에게 감사 등등 …….

내용을 살펴보건대 너무나 평범한 것들에 대한 감사다. 그러나 분명한 것은 그녀가 성공하고 행복할 수 있었던 것은 이렇게 사소한 것 같은 일을 감사하면서 이루어냈다는 사실이다. 작은 일에 감사함을 느끼지 못하는 사람은 큰일에서도 감사함을 느끼지 못하며, 작은 일을 이루지 못하는 사람은 역시 큰일도 이루지 못한다.

생각나누기

1. 施恩勿求報(시은물구보) :

2. 與人勿追悔(여인물추회) :

3. 得一牛還一馬(득일우환일마) :

4. 薄施厚望(박시후망) :

5. 貴而忘賤(귀이망천) :

6. 恩義廣施(은의광시) :

7. 人生何處不相逢(인생하처불상봉) :

8. 讐怨莫結(수원막결) :

9. 路逢狹處難回避(로봉협처난회피) :

10. 溫恭慈愛(온공자애) :

11. 惠人濟物(혜인제물) :

12. 先恩而後威(선은이후위) :

13. 君不恤民則民散(군불휼민즉민산) :

14. 主不恤僕則僕散(주불휼복즉복산) :

제9강 노력(努力)

▒ 타고난 재능, 노력하면 더 빛난다

태어나면서부터 남다른 재능을 가지고 태어나는 것은 얼마나 행운인지 모른다. 그러나 그것을 가지고 태어났다고 하여 반드시 꽃을 피우는 것은 아니다. 왜냐하면 성공은 타고난 재능을 바탕으로 노력이 더해져야 탐스런 꽃을 피울 수 있기 때문이다.

사람들 중에, 처음에는 아주 대단한 재능과 능력으로 장래에 크게 성공할 것 같은 기대감을 주던 사람도 뒤에 가서는 별다른 두각을 나타내지 못하고 그냥 인생을 흐지부지 살아가는 모습을 보여주기도 하는데, 이런 모습을 보면 안타까움을 감출 수가 없다. 그런 배경에는 여러 가지 이유가 있을 수 있지만, 타고난 재능과 능력만을 믿고 그것을 빛낼 노력을 제대로 하지 못해서 그런 결과를 초래하였다면 그것은 더욱 안타까운 일이 아닐 수 없다.

그래서 혹자 중에는 극단적으로 단언하여, "타고난 재능은 성공과 별로 관련이 없다."고 말을 하기도 한다. 이런 주장을 하는 자들의 의식은 역시 성공의 비결은 결국 그 재능에 자신의 경험과 훈련과 끊임없는 노력이 더해져야만 가능하다는 논리인 것이다.

실로 세상에는 어느 날 갑자기 혜성처럼 나타나 세상 사람들의 이목을 집중시키면서 대단한 천재가 나타난 것처럼 보이는 경우도 있다. 하지만, 가만히 그 뒤안을 살펴보면 역시 피나는 노력과 인내가 있었음을 알게 된다. 그래서 영국의 역사학자 토머스 칼라일은 "천재란 타고난 능력이 아니라, 노력을 다 하는 비상한 능력"이라고 했고, 영국의 초상화이자 미학자였던 조슈아 레이놀즈는 "큰 재주를 가졌다면 근면은 그 재주를 더 크게 해줄 것이며, 보통의 능력밖에 없다면 근면은 부족함을 보충해줄 것이다."라고 하였다.

반드시 그런 것은 아니지만, 경우에 따라서는 오히려 재능보다는 노력과 인내가 더 중요하다는 생각이 들 때도 많다. 그것은 설령 재능과 능력은 다소 부족하지만 자신의 인생을 걸어놓고 하나의 목표를 향해 전력질주한 사람들이 보여준 성공사례는 바로 이런 생각도 크게 틀린 것이 아니라는 방증이 되어준다. 역시 노력이 중요하고 최선이 중요한 것이다.

중국 속담에 이런 말이 있다.

로 불 행 불 도　　사 불 위 불 성
路不行不到요 事不爲不成이라

(길이란 걷지 않으면 목적지에 이를 수 없고, 일이란 행하지 않으면 이룰 수가 없다.)

너무나 평범한 말이다. 하지만 이것은 진리다. 성공의 공식은 너무나 간단하고 단순하다. 그럼에도 성공하는 사람이 많지 않은 이유는 그 공식이 너무 쉽고 간단해서 그 위력을 제대로 인식하지 못하는 사람들이 많기 때문이다. 즉 우리 가까이에 있는 이런 훌륭한 비법은 대수롭게 여기고, 더 어렵고 거창한 방법을 멀리서 찾으려고 하기 때문인 것이다.

큰 성공도 모두 작은 노력으로부터 시작된 것

모든 일에는 순서가 있고 과정이 있기 마련이다. 출발 없이 도착이 있을 수 없고, 1층이 없이 10층이 있을 수가 없는 것이다. "삼층 누각"이란 재미있는 이야기가 있다.

미련한 한 부자가 있었는데, 어느 3층짜리 누각을 보고 나서 자기도 그런 집을 가지고 싶었다. 그래서 목수를 불러 누각을 짓도록 하였다. 그리하여 목수가 집을 짓기 위해 땅을 고르고 벽돌을 쌓고 있을 때, 어리석은 부자가 다가와 그랬단다. "나는 아래 1, 2층은 필요 없고 3층만 있으면 되니 3층부터 짓도록 하라."고.

참으로 말도 안 되는 우스운 이야기다. 어찌 기초공사도 않고 또 1, 2층도 없이 3층을 지을 수 있단 말인가? 실제로 이처럼 어리석은 사람은 이 세상에

한 사람도 없을 것이다. 그렇지만 우리들이 살아가는 모습들 중에는 양상은 다소 다르지만 거의 비슷한 "바보"들이 되어 노력 없이 풍성한 열매를 기대하는 경우가 많으니, 지금 우리의 모습은 어떠한지 돌아보고 반성해 볼 일이다.

무슨 일이든 작은 일에서 시작하되 최선을 다해야 기대에 어긋나지 않는 열매를 거둘 수 있다. 그래서 ≪중용≫에서는 이렇게 말한다.

군 자 소 기 위 이 행　　　불 원 호 기 외
君子素其位而行하고 不願乎其外니라

(군자는 그 위치에 바탕을 두고 행동하며, 그 외의 것은 바라지 않는다.)

그리고 ≪인생필독≫에서는

순 인 락 탁 방 성 죽　　　어 위 분 파 시 화 룡
筍因落蘀方成竹이요 魚爲奔波始化龍이라

(죽순은 껍질을 벗음으로써 비로소 대나무가 되고, 고기는 물살을 거슬러 오름으로써 비로소 용이 된다.)

라고 하여, 그 어떤 목적을 이루기 위해서는 반드시 거쳐야할 과정을 극복해야 하고, 그 과정 속에는 또 모종의 고통과 인내를 감내하는 노력이 필요하다는 사실을 강조하고 있다.

우리 인생의 귀함은 한 순간, 한 자리에 머물러 있지 않고 부단한 노력으로 새로워지고 또 다른 성취를 위해 애쓰는 것에 있다. 그래서 ≪대학≫에서는 다음과 같이 강조한다.

구 일 신　　　일 일 신　　　우 일 신
苟日新하고 日日新하며 又日新이라

(진실로 날마다 새로워지고, 날마다 날마다 새로워지며, 또 날마다 새로워진다.)

우리의 새로운 인생은 바로 이와 같은 정신에서 만들어진다고 할 수 있다.

어느 정도 성과를 얻어 안심이 된다고 그 자리에 멈추어 서 있게 된다면, 더 이상의 발전이나 희망은 기대할 수가 없게 되는 것이다. 그래서 이런 속담이 있다.

막 도 군 행 조　　　갱 유 조 행 인
莫道君行早하라 更有早行人이니라

(그대 출발이 남보다 이르다고 말하지 말라. 훨씬 더 일찍 출발한 사람도 있다.)

자그마한 성취나 자랑거리에 자만하는 것은 금물이라는 훈계다. 어떤 일의 크기와는 상관없이, 또 어떤 일의 중요성과는 관계없이 항상 겸손한 마음으로 자신의 부족함을 확인하면서 노력하는 자세가 참으로 중요한 것이다. 장자(莊子)의 말 중에 이런 구절이 있다.

사 수 소　　부 작　　　불 성　　　자 수 현　　　불 교
事雖小나 不作이면 不成이요 子雖賢이나 不敎면

불 명
不明이니라

(일이 비록 작더라도 하지 않으면 이루지 못할 것이요, 자식이 비록 어질지라도 가르치지 않으면 현명하지 못할 것이다.)

즉, 작은 일에도 최선을 다 할 것이며, 현명한 자녀를 원한다면 교육을 잘 시킬 것을 조언하고 있다.

우공 같은 사람, 못 이룰 일이 없다

고사성어 중에 "우공이산(愚公移山)"이란 말이 있다. 누구나 다 알고 있는 너무나 유명한 고사다. 이는 "우공이 산을 옮긴다."는 뜻이다. 보기에는 어리석은 일처럼 보이지만 한 가지 일에 전심전력하면 언젠가는 소기의 목적을 달성할 수 있다는 사실을 강조할 때 많이 활용되는 고사성어다.

실로, 세상에는 어려운 일이 많다. 그러나 어렵다 하여, 성공할 가능성이 희박하다 하여 그 일을 시작하지 않는다면 그 무엇을 이룰 수 있고, 그 어떤 성공을 기대할 수 있겠는가? 인류를 위해 큰일을 했던 사람들은 수많은 난관과 좌절과 시행착오를 거쳐 마침내는 역사에 길이 남을 위업을 이루어냈던 것이다. 가장 불쌍하고 희망 없는 사람은 주저앉아 있는 사람이다. 그래서 공자는 낮잠을 자고 있는 제자 재여(宰予)에게 이렇게 말하였다.

후목 불가조야 분토지장 불가오야

朽木은 不可雕也요 糞土之墻은 不可圬也니라

(썩은 나무는 조각을 할 수가 없고, 썩은 흙으로 만든 담은 흙손질을 할 수가 없다.)

그렇다. 우리들에게는 무엇보다 목적을 이루고자 하는 강한 의지와 그것을 실천하려는 노력이 필요한 것이다. 성공할 수 있는 기회는 물과 공기와 같이 항상 가까이에 있다. 그러나 우리는 그것을 알아차리지 못하고 모든 일에 최선을 다하지 못하기 때문에 이를 내 것으로 만들지 못하는 것이다. 성공으로 나아가는 길이 때로는 무의미하고 부질없어 보일 경우도 있지만, 우공이 태산을 옮기기 위해 삽을 들고 산으로 올라갔던 것처럼 실천을 하려는 자세와 노력이 중요한 것이다. 이러한 과정 속에서 기회를 보는 눈이 뜨이고, 생각지도 않던 지혜가 생기며, 아무 상관도 없던 누군가가 구세주처럼 나타나 손을 잡아주기도 한다는 사실을 우리는 성공한 사람들을 통하여 자주 보고 듣는다.

노력하지도 않고 최선을 다하지도 않고 세월만 보내고 나면 남는 것은 오직 후회밖에 없다. 후회란 항상 일이 지나간 뒤에 따라오는 것이기에 되돌릴 수가 없는 것이다. 그래서 <구래공육회명(寇來公六悔銘)>에서는 그 누구든 또 무슨 일을 하든 그 신분에 맞게, 그 시기를 놓치지 말고 최선을 다할 것을 다음과 같이 적고 있다.

> 관행사곡실시회 부불검용빈시회 예불소학과
> 官行私曲失時悔요 富不儉用貧時悔요 藝不少學過
> 시회 견사불학용시회 취후광언성시회 안
> 時悔요 見事不學用時悔요 醉後狂言醒時悔요 安
> 불장식병시회
> 不將息病時悔니라
>
> (관원은 사사롭고 굽은 일을 행하다가 벼슬을 잃었을 때 뉘우치게 되고, 부자는 검소하게 쓰지 않다가 가난해졌을 때 뉘우치게 되고, 재주는 어렸을 때 배우지 않다가 시기가 지났을 때 뉘우치게 되고, 일은 봤을 때 배우지 않다가 필요할 때 뉘우치게 되고, 취한 뒤에 함부로 말을 하다가 술이 깨었을 때 뉘우치게 되고, 몸은 편안할 때 조심하지 않다가 병이 들었을 때 뉘우치게 된다.)

우리 인간사에서 볼 수 있는 후회의 여러 종류들이다. 잘못에 대한 후회는 있을 수 있고, 반드시 있어야 한다. 그런데 더욱 중요한 것은 한 번 후회했던 사실을 개오(改悟) 각성(覺醒)하여 이를 고치지 않고, 반복적으로 과오를 범하는 그런 악순환이 계속된다면 어찌 그런 사람에게서 희망을 찾을 수가 있을 것인가?

중국에 “불파만지파참(不怕慢只怕站)”이란 속담이 있다. “느린 것은 겁나지 않는데, 오직 멈춰 서 있음이 겁난다.”는 말이다. 희망은 느려도 멈추지 않음에 있다.

생각나누기

1. 路不行不到(로불행불도) :

2. 事不爲不成(사불위불성) :

3. 素其位而行(소기위이행) :

4. 筍因落擇方成竹(순인락탁방성죽) :

5. 魚爲奔波始化龍(어위분파시화룡) :

6. 日新日日新又日新(일신일일신우일신) :

7. 不作不成(불작불성) :

8. 不教不明(불교불명) :

9. 朽木不可雕(후목불가조) :

10. 糞土之墻不可圬(분토지장불가오) :

11. 官行私曲失時悔(관행사곡실시회) :

12. 富不儉用貧時悔(부불검용빈시회) :

13. 藝不少學過時悔(예불소학과시회) :

14. 見事不學用時悔(견사불학용시회) :

15. 醉後狂言醒時悔(취후광언성시회) :

16. 安不將息病時悔(안불장식병시회) :

17. 不怕慢只怕站(불파만지파참) :

제10강 선행(善行)

▒ 선행은 자신을 위한 축복의 기도

선행(善行)이란 말은 "착하고 어진 행실"을 의미한다. 사전적 의미로는 그렇지만, 예언자 마호메트는 이 말을 풀어 "선행이란 남의 얼굴에 미소를 짓게 하는 일"이라고 정의하면서 어디까지나 남을 위한 행위임을 강조하였다.

그렇다면 어떻게 다른 사람 얼굴에 미소를 짓게 할 수 있는가? 이에 대한 방법은 여러 가지가 있겠지만, 무엇보다 기본적으로 갖추어야 할 태도는 남에 대한 측은지심(惻隱之心)을 가지는 일이다. 즉 남을 불쌍하게 여길 줄 아는 이 마음이 없이는 남을 행복하게 해 줄 수도 없고 감동을 줄 수도 없다. 그래서 맹자(孟子)는 극단적으로 이 "측은지심이 없는 자는 사람도 아니다.(無惻隱之心非人也)"라고 역설하기도 하였다.

강한 이기심을 가진 사람에게서는 이 측은지심을 찾아보기가 힘들다. 왜냐하면 남보다는 자기의 유익과 처지를 먼저 생각하기 때문이다. 힘들게 살아가는 사람들에게 특별히 관심을 가지고 고통 받고 외롭게 살아가는 어려운 사람들을 구원해 주려는 착한 생각을 가진 사람들은 곧 자연스럽게 행동으로 실천을 하니, 이것이 곧 어두운 세상을 밝히고 차가운 대지를 녹여주는 선행인 것이다.

실제로 측은지심은 인간의 본성이기 때문에 사람이면 누구나 기본적으로 다 가슴 속에 가지고 있는 "양지(良知)"이다. 하지만 모두가 다 이 "양지"를 가지고 있으면서도 어찌하여 누구는 선행을 행하고 누구는 선행을 행하지 않는가? 이것은 바로 사람들마다 삶의 가치 기준이 다르기 때문이다. 가장 바람직하고 가치 있는 삶은 역시 남을 돕고 착한 일을 하면서 밝은 사회 행복한 세상을 만드는데 일익을 담당하는 데 있다. ≪명심보감≫에서는 태공(太公)의 말을 이렇게 소개하고 있다.

견선여갈　　　문악여롱　　　선사　　수탐　　악
見善如渴하고 聞惡如聾하라 善事란 須貪하고 惡

事란 莫樂하라

(착한 일을 보거든 목마른 듯이 하고, 악한 말을 듣거든 귀머거리처럼 하라. 착한 일이란 모름지기 탐내야 하고, 악한 일이란 즐기지 말아야 한다.)

즉, 선행은 갈급한 듯이 행하고, 악한 일은 못 본 듯이 하여 악행을 멀리할 것을 강조하고 있다. 오쇼 라즈니쉬는 말한다. "우리가 세상에 분노를 퍼부으면 세상도 우리에게 분노로 되받아친다. 우리가 사랑을 주면 세상도 사랑으로 화답한다. 이 자연의 법칙 안에 주는 대로 받는다는 진리가 있다. 이것이 바로 카르마(인과응보)의 법칙이다. 뿌린 대로 거두리라! 미움은 미움을 낳고 사랑은 사랑을 낳으리."라고 하였다. 역시 선행은 선행을 불러오고, 악행은 악행을 불러오는 것이니, 결론적으로 남을 위해 베푼 선행은 다름 아닌 자신을 위한 축복의 손길인 것이다. 그래서 로마의 철학자 세네카도 "다른 사람에게 선을 베푸는 사람은 무엇보다 자기 자신에게 가장 많은 선을 베푸는 사람이다."라고 하였다. 남을 위한 선행으로 내 마음이 풍요로워지고 행복해진다면 그 보다 더 큰 보상이 어디 있겠는가?

선행의 보답, 하늘이 책임진다

선행은 아무도 모르게 하더라도 괜찮다. 아니, 그렇게 하는 것이 더 좋다. 왜냐하면 선행이란 남에게 보여주기 위해서, 또 자신의 그런 행위를 드러내기 위해서 하는 것이 아니기 때문이다. 그리고 선을 행하고자 할 때는 그냥 순수한 마음으로 행해야 가치 있는 베풂이 되는 것이다. 진정한 의미의 선행이란 어떠한 대가나 반대급부를 바라지 않고 하는 것이며, 그 일로 인한 남의 칭찬으로 행복하게 되는 것이 아니라 스스로 혼자서 행복함을 만끽하는 그런 것이다. 그래서 ≪채근담≫에서는

위선이급인지 선처즉시악근
爲善而急人知하면 善處卽是惡根이니라

(착한 일을 하고서 남이 알아주기를 급급해 하면, 그 선행 속에 이미 악의 뿌리가 있는 것이다.)

라고 하였다. 남 몰래 숨어서 한 선행이라 아무도 몰라줄 것 같지만, 하늘은 그것을 기억하고 있으며 언젠가는 대신 복을 내려줄 것이다. 이것은 분명한 하늘의 이치요, 그래서 선조들이 침이 마르도록 강조해온 대목이다. 공자는 이렇게 말하고 있다.

위선자 천보지이복 위불선자 천보지이화
爲善者는 天報之以福하고 爲不善者는 天報之以禍니라

(착한 일을 하는 사람에게는 하늘이 복으로 갚아주고, 착하지 않은 일을 하는 사람에게는 하늘이 재앙으로 갚아준다.)

그런데 살다보면, 사람들이 행한 선악의 결과가 복이나 혹은 재앙으로 나타나지 않는 것처럼 보이는 경우가 있다. 그러나 이것은 때가 일러 아직 나타나지 않았을 뿐이지 그 보답과 보응이 완전히 없어진 것은 아니다. 그래서 이런 속담이 있다.

불시불보 일자미도
不是不報요 日子未到니라

(보응을 하지 않는 것이 아니라, 때가 아직 오지 않은 것이다.)

선악도두종유보 지쟁래조여래지
善惡到頭終有報라 只爭來早與來遲니라

(선과 악이 정점에 이르게 되면 결국 보응이 있게 된다. 다만 일찍 오느냐 늦게 오느냐 하는 차이가 있을 뿐이다.)

예나 지금이나 착한 일 하기는 어렵고 나쁜 일 저지르기는 쉬운 모양이다.

이는 또 어른이나 아이들이나 같은 현상이 아닐까 한다. 그래서 ≪소학≫에서도 다음과 같이 말하고 있다.

> 古語云(고어운) 從善(종선)은 如登(여등)이요 從惡(종악)은 如崩(여붕)이라하니라
>
> (옛말에 이르기를, "선을 따르는 것은 오르는 것과 같고, 악을 따르는 것은 무너지는 것과 같다."라고 하였다.)

즉, 착한 일을 하는 것은 산을 오르듯이 어렵지만, 나쁜 일을 하는 것은 산이 무너지는 것과 같이 빠르고 쉬운 것이라는 말이다. 그러나 그렇게 어렵지만 선을 행한 결과와, 그렇게 쉬워서 생각 없이 저지른 악의 결과는 천양지차로 희비가 엇갈리게 되어 있으니, ≪주역≫에서는 이렇게 말한다.

> 積善之家(적선지가)에 必有餘慶(필유여경)이요 積惡之家(적악지가)에 必有餘殃(필유여앙)이라
>
> (착한 일을 하는 집안에는 반드시 넘치는 경사가 있고, 나쁜 일을 하는 집안에는 반드시 많은 재앙이 있다.)

선행은, 넘치는 경사를 염두에 두지 않아도 하늘이 알아서 내려주게 되어 있고, 악행은 그 재앙을 원하지 않아도 자연스럽게 다가오게 되어 있다. 그래서 우리는 늘 좋은 생각을 가지고 남을 기쁘게 하는 일에 최선을 다할 일이다.

선행의 귀함은, 지금 실천하는 것

참된 선행에 대한 이런 이야기가 있다.

평판이 좋지 못한 어느 지독한 구두쇠가 성인(聖人)을 찾아가 물었다.
"내가 죽으면 전 재산을 기부하겠다고 하는데도 왜 저를 구두쇠라고 할까요?"
성인은 그에게 돼지와 암소 이야기를 들려주었다.
"어느 날 돼지가 암소에게 그랬답니다. '너는 별것 아닌 우유만 주는데도 사람들은 널 귀여워하고, 나는 목숨까지 바쳐 고기를 주는데도 왜 사람들은 날 좋아하지 않는 거지?' 그러니까 암소가 잠깐 생각에 잠겼다가 그랬답니다. '글쎄, 아마 나는 보잘 것 없는 것이지만 살아 있는 동안에 해 주고, 너는 죽고 나서 해 주기 때문에 그런가 봐.'라고 하더랍니다."
그리고 성인은 이어 이렇게 말했다.
"지금 행하는 작은 일은 나중에 행하겠다는 큰일보다 더 소중한 것입니다. 하찮은 일이라도 지금 할 수 있는 사람만이 나중에 큰일을 할 수 있답니다."

그렇다. 이 이야기는 작은 것이라도 지금 행하는 것이 중요하다는 메시지를 전하기 위한 것이다. 그래서 장자(莊子)는 하루라도 쉬지 말고 착한 일에 대해서 생각하고, 또 아무리 작은 일이라도 행해야 하며, 아무리 작은 악이라도 저질러서는 안 된다는 뜻을 전하기 위해 이렇게 말한다.

일 일 불 념 선 　 제 악 　 개 자 기
一日不念善이면 諸惡이 皆自起니라

(하루라도 선을 생각지 않으면 모든 악이 저절로 일어난다.)

그리고 한(漢)나라 유비(劉備)는 임종 때, 자기 아들 유선(劉禪)에게 타일러 말하기를,

물 이 선 소 이 불 위 　 물 이 악 소 이 위 지
勿以善小而不爲하고 勿以惡小而爲之하라

(작은 선이라고 해도 하지 않으면 안 되고, 작은 악이라고 해도 해서는 안 된다.)

라고 하였다. 그리고 공자는 악을 저질렀을 때의 그 결과를 이렇게 경고한다.

획 죄 어 천　　　무 소 도 야
獲罪於天이면 無所禱也니라

(하늘에 죄를 얻으면 빌 곳이 없다.)

다소 견해의 차이는 있지만, 그래도 사람들은 인간의 성선설(性善說)에 무게중심을 두고 인간의 근본바탕을 착하게 해석하는 경향이 많은 듯하다. 그래서 세상에는 세계 곳곳에서 별의 별 나쁜 일도 많이 벌어지고 있지만, 인간의 착한 본성에 바탕을 둔 따뜻한 이야기가 훨씬 더 많으며, 또 그런 훈훈한 세상이 되기를 염원하고 노력하는 사람들이 훨씬 많은 것이다.

우리는 마음속에 살아있는 양심과 도덕의식을 항상 깨어있도록 해서, 좋은 세상을 만들어 가는데 앞장서고, 행복한 가정이 될 수 있도록 솔선수범해야할 것이다. 순자(荀子)는 "있을 때 베풀지 않으면 궁할 때 받을 것이 없다.(有而不施窮無與也)"라고 하였다. 선행은 내 마음에 먼저 훈기를 주어 행복을 만들어 놓고, 그 다음엔 주위를 밝혀줌으로써 "그래도 살만한 세상"이라는 느낌을 가지게 해 준다.

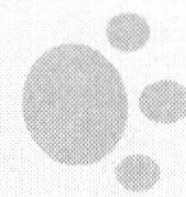

생각나누기

1. 無惻隱之心非人也(무측은지심비인야) :

2. 見善如渴(견선여갈) :

3. 聞惡如聾(문악여롱) :

4. 善事須貪(선사수탐) :

5. 惡事莫樂(악사막락) :

6. 爲善而急人知(위선이급인지) :

7. 爲善者天報之以福(위선자천보지이복) :

8. 爲不善者天報之以禍(위불선자천보지이화) :

9. 從善如登(종선여등) :

10. 從惡如崩(종악여붕) :

11. 積善之家必有餘慶(적선지가필유여경) :

12. 積惡之家必有餘殃(적악지가필유여앙) :

13. 一日不念善諸惡皆自起(일일불념선제악개자기) :

14. 獲罪於天無所禱也(획죄어천무소도야) :

제11강 성실(誠實)

성실한 자에게는 어려운 일도 비켜간다

2009년 한국결혼산업연구소의 조사에 따르면 "결혼상대를 선택하는 최선의 포인트"를 묻는 설문에서 46.7%가 남편의 "성실성"을 1순위로 꼽았다고 한다. 이는 1960년에 여대생들을 대상으로 실시한 설문 결과와 똑같은 것으로, 그 당시에는 62.8%가 남편의 "성실성"을 최고로 꼽았다는 기록이 있다. 50년 전보다 수치가 다소 낮아지기는 했지만, 역시 오늘날에 와서도 자신과 평생을 함께 하고 싶은 대상은 다름 아닌 성실한 사람이면 좋겠다는 것이다.

그렇다. 세상에는 어렵고 힘든 일도 많지만, 성실한 사람에게는 그 어떤 일도 크게 문제가 되지 않는다. 성실한 사람들은 언제나 다른 사람이 보는 곳이든 그렇지 않은 곳이든 자신이 해야 할 일에 최선을 다하고 정성을 다 하기 때문에, 다소 어려운 문제들이 있다 할지라도 마치 용광로 위를 스치는 눈처럼 자연스럽게 다 해결이 되고 또 풍성한 열매까지 거둘 수가 있게 된다.

특출한 재능을 가졌고, 또 훌륭한 환경과 풍부한 자원을 가지고 태어난 사람이라면 유리한 점도 많겠지만, 설령 그렇지 못하다 하더라도 사는 동안 성실한 태도로 목표를 향해 전력 질주하는 사람들 앞에서는 이러한 유리한 조건들도 무색할 때가 많으니, 역시 성실함이란 인생의 열매를 바꿔주는 요술주머니가 아닐 수 없다. 정호승은 말한다.

> 성실하면 가난해지지 않습니다. 부자가 될 수 없을지 모르지만 가난해지지는 않습니다. 일찍 일어나는 새가 모이를 더 많이 쪼아 먹는다는 말은 언제 들어도 귀담아 들을 말입니다. 뚜벅뚜벅 황소걸음으로 걸어도 천 리를 갈 수 있습니다. 물은 한 방울 한 방울 떨어져 물통에 가득 찹니다. 예수는 일하기 싫으면 먹지도 말라고 했으며, 부처님은 게으른 죄는 부모를 천만 명 죽인 죄보다 더 크다고 했습니다.

정호승은 이렇게 "성실한 인간이냐 아니냐에 따라 존재 유무를 판단할 수 있다."고 강조하였다. 그렇다면, 우리의 고전 속에서는 성실성과 실천에 대해서 어떤 관점을 보여주고 있는가? 우선 ≪천자문≫을 보면 다음과 같은 구절이 나온다.

독 초 성 미　　신 종 의 령
篤初誠美요 愼終宜令이니라

(처음은 돈독하게 하는 것이 참으로 아름다운 일이며, 마무리는 신중하게 해서 마땅히 좋게 해야 한다.)

이 말은 곧 무슨 일이든지 처음 시작할 때 신중을 기해야 하고, 또 그 마무리도 아주 최선을 다해서 유종의 미를 거둘 수 있도록 하라고 강조하는 말이다. 이런 모습이 곧 성실함이다. 맹자는 말하기를, "일을 하는 것은 마치 우물을 파는 것과도 같다. 비록 아홉 길을 팠다고 하더라도 샘에 이르지 못했으면 우물을 포기하는 것과 같다.(有爲者辟若掘井 掘井九軔而不及泉 猶爲棄井也)"고 하여, 일을 추진하는데 중단 없는 일관성을 강조하고자 하였다. 이러한 마음으로 세상을 살 때 그 어떤 어려움도 반드시 극복될 것이며, 또 바라보는 사람들에게 큰 희망의 본보기가 되어줄 것이다.

▒ 아무리 사소한 일이라도 세상에 공짜란 없다

어느 나라 왕이 신하들을 불러놓고 백성들이 성공할 수 있는 비결을 연구하도록 명령하였다. 얼마 후 엄청난 연구가 나왔다. 하지만 양이 너무 많아서 백성들이 읽을 수가 없었다. 그래서 왕은 그 내용을 한 마디로 요약하라고 하였다. 그 요약된 말은 "세상에 공짜란 없다."라는 문구였다고 한다.

대가란 노력한 만큼 되돌아온다는 것이 하늘의 이치다. 그래서 ≪노학구어≫에서는 일찍이 다음과 같은 말들을 통해 세상 사람들을 깨우치고자 하였다.

지도일락 정불쾌활 능내노고 심무통초

只圖佚樂이면 定不快活이요 能耐勞苦면 心無痛楚라

(오로지 편안함과 즐거움만을 도모하면 반드시 행복할 수가 없다. 일하는 고통을 인내할 수 있으면 마음에는 아픔이 없다.)

라인라병 무약가의

懶人懶病에는 無藥可醫니라

(게으른 사람과 게으른 병에는 고칠 약도 없다.)

년소력강 급수노력 착과소년 로래착급

年少力强에 急須努力하라 錯過少年이면 老來着急이니라

(나이가 젊고 힘이 강할 때 서둘러 노력해야 한다. 소년시절을 잘못 보내면 늙어서 초조해진다.)

지파불근 불파불정 지파무항 불파무성

只怕不勤이요 不怕不精하며 只怕無恒이요 不怕無成이라

(다만 부지런하지 못할까 걱정할 뿐이지 정통하지 못할까 걱정하지 말고, 항심(恒心)이 없을까 걱정할 뿐이지 완성됨이 없을까 걱정하지 말라.)

고 하였다. 이상의 말들은 우리가 어떤 태도로 세상을 살 것인지에 대한 기준을 일러주는 내용들로 늘 명심하면 좋겠다.

성실한 실천과 노력 이전에 또 중요한 것이 있으니, 계획과 준비라고 할 수 있다. 무조건 성실한 것보다는 우선 꼼꼼한 계획과 준비가 있어야 그 결과도 더 크게 빛날 수 있기 때문이다.

▒ 성실도 좋지만, 먼저 훌륭한 계획을

≪서경≫에서 말하기를, "아는 것이 어려운 게 아니라, 행하는 것이 어렵다.(非知之難行之惟難)"라 하여 실천을 강조하고 있다. 그런데 계획이 중요하고 준비가 중요하고, 또 실천이 중요하다는 것, 너무나 잘 알고 있지만 이를 실천하기는 결코 만만치가 않다. 그래서 "작심삼일(作心三日)"이란 말도 나왔던 것이 아니겠는가? 그렇지만 자신이 이루고 싶은 목표가 있고, 그 어떤 일에 의미가 있다고 판단이 되었을 때는 눈물을 삼키고 인내하면서 이를 극복해 내야만 하는 것이다. 인생의 중요한 가치는 최선을 다해 사는데 있다. ≪노학구어≫에 이런 말이 있다.

제일가괴 좌향용복 주낭반대 행시주육

第一可愧는 坐享庸福이요 酒囊飯袋는 行尸走肉이니라

(가장 부끄러운 일은 앉아서 용렬한 복을 누리는 것이요, 술과 밥주머니에 불과한 사람은 걸어 다니는 시체나 고깃덩어리다.)

설령 이미 큰 복을 타고 났더라도 그냥 무위도식하는 것은 자신에게도 그렇거니와 사회나 국가에 있어서도 무익한 것이다. 그러므로 무엇이든 생산적인 일에 정열을 쏟는 것이 바람직한 것이다. 그래서 선조들은 계획과 준비의 중요성을 다음과 같이 말하고 있다. ≪명심보감≫에 실린 말이다.

일년지계 재어춘 일일지계 재어인

一年之計는 在於春이요 一日之計는 在於寅이니라

(일 년의 계획은 봄에 있고, 하루의 계획은 새벽 인시(寅時)에 있다.)

일가지계 재어화 일생지계 재어근

一家之計는 在於和요 一生之計는 在於勤이니라

(한 가정의 계획은 화합됨에 있고, 일생의 계획은 부지런함에 있다.)

성실한 사람은 요행을 바라지 않는다

평소에 성실하고 자기 일에 최선을 다 하는 사람은 크게 곤란을 당하는 일이 적다. 그리고 자신의 재능이나 능력이 다소 부족하다고 인식하고 미리미리 준비하는 사람도 역시 때가 되었을 때는 대단한 능력을 발휘하게 되니, 이런 점을 명심할 일이다.

사람이 맛있는 것만 먹고 편하게 지낸다 하여 반드시 건강하고 행복한 것만은 아니다. 속담 중에 "우유를 받아먹는 사람보다 배달하는 사람이 더 건강하다."라는 말이 있는데, 역시 노동 중에 얻을 수 있는 소득이 아닐 수 없다. 평소에 성실하게 움직이는 자에게, 먼저 시작하고 준비하는 사람에게 복이 돌아가게 되어 있다.

그래서 ≪한서≫에서도 "먼저 시작하면 남을 제압하고, 뒤에 시작하면 남에게 제압당한다.(先發制人, 後發制於人)"라고 하여, 다른 사람보다 먼저 더 성실하게 준비할 것을 강조하고 있다.

≪명심보감≫에서는 한 가정의 희망을 다음과 같이 말하고 있다.

독서근검　　기가지본
讀書勤儉은 起家之本이니라

(독서와 부지런함과 검소함은 집안을 일으키는 근본이다.)

인생에서의 성공이 때로는 거창하게 진행되는 경우도 있지만, 대부분의 성공은 지극히 작고 사소한 일에서부터 시작하여 그것이 모여 큰 성공으로 발전되는 것이 일반적인 현상이다. 이와 같은 보편적인 현상과 이치가 "원칙"이라 생각하고 이것을 우리 삶에 적용한다면 큰 도움이 될 것이다.

물론 성공의 기회를 만나느냐 못 만나느냐 하는 것은 때에 달려 있고, 죽고 사는 것은 운명에 달려 있다고 하지만, 역시 어떤 일을 하고 안 하고는 사람에게 달려 있는 것이다. 사주팔자에 나온 장래 운명이 이렇다 저렇다 하여, 우리 값진 인생을 그것에 맡겨 놓고 주저앉아 있거나 요행을 기다리고 있는 것처럼 어리석은 일은 없을 것이다.

미켈란젤로는 자기에게 "천재"라고 칭송하는 사람들에게 이렇게 말했다고 한다. "내가 지금의 경지에 이르기 위해 얼마나 열심히 일하고 또 일했는지 사람들이 안다면, 내가 하나도 위대해 보이지 않을 것이다."라고. 그렇다. 평범한 재능을 가진 사람일수록 우리는 평소에 성실한 태도로 최선을 다 해야 할 것이다. ≪격몽요결≫에 다음과 같은 말이 있다.

> 성인 하고독위성인 아즉하고독위중인야
> 聖人은 何故獨爲聖人이며 我則何故獨爲衆人耶아
> 량유지불립 지불명 행불독이
> 良由志不立이요 知不明이요 行不篤耳니라
>
> (성인은 무슨 연고로 홀로 성인이 되며, 나는 무슨 연고로 홀로 보통의 사람이 되었는가. 이는 진실로 뜻을 확립하지 못하고 아는 것이 분명하지 못하고 행실을 도탑게 하지 못했기 때문에 말미암은 것일 뿐이다.)

성인과 보통 사람의 차이는 태어날 때부터 구분되어 태어날 수도 있지만, 누구나 뜻을 세우고, 아는 것을 분명하게 하려고 노력하고, 행실을 도탑게 하려고 노력하는 사람이라면 어찌 성인이 될 수 없겠는가? 우리 모두가 성인이 될 수 있는 자격은 다 가지고 있다. 그러나 되고 안 되고는 실천에 달려 있는 것이다.

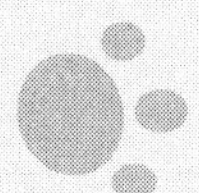

생각나누기

1. 篤初誠美(독초성미) :

2. 愼終宜令(신종의령) :

3. 只圖佚樂定不快活(지도일락정불쾌활) :

4. 能耐勞苦心無痛楚(능내로고심무통초) :

5. 懶人懶病無藥可醫(라인라병무약가의) :

6. 年少力强急須努力(년소력강급수노력) :

7. 錯過少年老來着急(착과소년로래착급) :

8. 只怕不勤不怕不精(지파불근불파불정) :

9. 只怕無恒不怕無成(지파무항불파무성) :

10. 非知之難行之惟難(비지지난행지유난) :

11. 坐享庸福(좌향용복) :

12. 酒囊飯袋(주낭반대) :

13. 讀書勤儉起家之本(독서근검기가지본) :

제12강 친구(親舊)

▒ 모든 비밀까지도 공유할 수 있는 믿음의 친구

재산이라고 하면 보통 눈에 보이는 돈이나 집, 차와 같은 것을 생각하기 쉽다. 하지만 정말 소중한 것 중에는 눈에 보이지 않는 것도 많으니, 사랑이나 꿈과 희망, 믿음 등이 그것이며, 이 중에는 우정도 빠질 수가 없다.

사람 주위에 사람이 없고, 즐거움을 함께 하고 고민을 함께 나눌 친구가 없다면 아무리 돈이 많고 좋은 물건을 많이 가졌다할지라도 결코 행복할 수가 없을 것이다. 친구 없이 외롭고 쓸쓸한 삶을 살아간다는 것은 어쩌면 울타리 없는 감옥에서 사는 것과 별반 차이가 없다고 할 수 있다. 진정한 친구는 부모와도 같다. 그래서 옛말에 "부모 팔아 친구 산다."는 말이 있다. 당연히 부모만큼이나 중요한 것이 친구라는 말을 강조하기 위한 것이다.

그토록 인생에서 중요한 존재가 친구요, 그와 함께 쌓아올린 공든 탑이 우정인데, 우리는 어떻게 친구를 만들고 어떻게 그와 진정한 우정을 나눌 수 있을까?

역사에는 참다운 우정을 보여주어 후대에 귀감이 되는 수많은 사례들이 있으나, 그 중에서도 관중(管仲)과 포숙아(鮑叔牙)의 우정은 으뜸 중의 으뜸이라 하겠다. 훗날 관중은 친구 포숙아에게 이렇게 감사의 마음을 표현하였다.

오시곤시 상여포숙고 분재리 다자여
吾始困時에 嘗與鮑叔賈하여 分財利에 多自與나
포숙불이아위탐 지아빈야 오상위포숙모사
鮑叔不以我爲貪하니 知我貧也요 吾嘗爲鮑叔謨事
이갱궁곤 포숙불이아위우 지시유리
에 而更窮困이나 鮑叔不以我爲愚하니 知時有利
불리야 오상삼사 삼견축어군 포숙불이
不利也요 吾嘗三仕에 三見逐於君이나 鮑叔不以
아위불초 지아불우시야 오상삼전삼주
我爲不肖하니 知我不遇時也라 吾嘗三戰三走나

포숙불이아위겁　　지아유로모야
鮑叔不以我爲怯하니 知我有老母也니라

(내가 처음 어려운 시기에 포숙과 함께 장사를 하여, 재물과 이득을 나눌 때 내 스스로 많이 가졌지만 포숙은 내가 욕심을 부린다고 생각지 않았으니, 내가 가난하다는 것을 알았기 때문이다. 내가 일찍이 포숙을 위해 일을 도모하다가 다시 곤궁하게 되었는데, 포숙은 내가 어리석다고 여기지 않았으니, 이는 때에 이로움과 불리함이 있다는 것을 알았기 때문이다. 내가 세 차례 벼슬을 하다가 세 번이나 물러난 적이 있는데, 포숙은 내가 못났다고 생각지 않았으니 내가 때를 만나지 못한 것을 알았기 때문이다. 내가 세 번 싸워 세 번 도망을 간 적이 있으나 포숙은 나를 겁쟁이로 생각지 않았으니, 이는 내게 노모가 있다는 것을 알았기 때문이다.)

그리고 관중은 마지막에 가서 감동적인 말을 남겼으니, "나를 낳아준 사람은 부모지만, 나를 알아준 사람은 포숙이었다.(生我者父母 知我者鮑叔也)"라고 하여 오늘날까지 우리의 가슴을 뜨겁게 해 주고 있다.

그러나 우리의 현실에서 우정은 영원하지 않을 수도 있음을 우리는 잘 안다. 피천득 선생의 말처럼 우정의 비극은 결코 "이별도, 죽음도 아닌 불신"에서 온다고 하였듯이 이런 비극이 생기지 않도록 우정을 잘 가꾸어가야 할 것이다.

믿음 없는 우정, 모래 위에 지은 집

삶의 여정에서 피할 수 없는 불청객으로, 피로와 상처와 아픔 등의 고통이 있다. 그럴 때 필요한 것이 친구다. 진정한 친구는 같이 아파해주고 같이 흐느껴주는 것이다. 늘 옆에 있어 주는 것이다. 최고의 우정이란 무엇일까? 로마의 정치가 키케로는 "최고의 우정이란 신분과 직위와 명리를 떠난 우정"이라고 말했다.

진정한 친구 관계란, 왜 그 사람을 좋아하느냐는 질문을 받았을 때 "그냥"이라는 말밖에 할 수 없는 관계라 할 수 있다. 무책임한 대답인 듯하지만, 이 "그냥"이라는 말 속에는 이미 서로가 꿈을 나누고 목숨을 나누고 영혼까지도 함께 나눌 수 있을 만큼의 크기와 깊이가 들어 있는 것이다. 그래서 설명이 어려운 것이다.

이런 우정의 깊이는 그냥 만들어지지 않는다. 꽃과 나무가 물을 먹고 자라듯 우정에도 영양분이 필요하니, 그것이 곧 서로간의 믿음이요, 변함없는 관심과 격려와 사랑인 것이다. 이것을 떠난 우정은 진정한 우정이 될 수 없다.

≪사자소학≫에서는 친구간의 믿음에 대하여 이렇게 말하고 있다.

> 言而不信(언이불신)이면 非直之友(비직지우)니라 見善從之(견선종지)하고 知過必改(지과필개)하라
>
> (말을 하되 믿음이 없으면 정직한 친구가 아니다. 착한 것을 보면 그것을 따르고 잘못을 알면 반드시 고쳐라.)

친구간의 믿음은 오륜(五倫) 중에 포함될 정도로 중요한 인간관계이다. 그래서 ≪동몽선습≫에서는 "붕우유신(朋友有信)" 장에서 다음과 같이 공자의 말을 인용하고 있다.

> 孔子曰(공자왈) 不信乎朋友(불신호붕우)면 不獲乎上矣(불획호상의)리라 信乎朋友(신호붕우)에 有道(유도)하니 不順乎親(불순호친)이면 不信乎朋友矣(불신호붕우의)라하시니라
>
> (공자가 말하기를, "친구들에게서 신임을 얻지 못하면 윗사람에게서도 인정을 받지 못할 것이다. 친구들에게 신임을 얻는 것에도 일정한 방법이 있으니, 어버이에게 순종하지 못하면 친구들에게도 신임을 얻지 못한다."라고 하였다.)

그리고 증자(曾子)도

> 吾日三省吾身(오일삼성오신)하나니 爲人謀而不忠乎(위인모이불충호)아 與朋友交而不信乎(여붕우교이불신호)아 傳不習乎(전불습호)아니라
>
> (나는 매일 나 자신을 세 번씩 반성하는 바, 남을 위해 일을 하는데 정성을 다했는가? 친구들과 함께 서로 사귀는데 신의를 다했는가? 전수 받은 가르침을 반복하여 익혔는가? 하는 것이다.)

라고 하여 역시 친구간의 신의(信義) 문제를 날마다 자문해 보면서 반성하였다고 하였다. 이렇듯 벗과의 사귐에서 최고의 가치는 신의에 있다고 할 수 있으며, 이런 믿음이 없이 사귄 우정은 사상누각과 같은 것이다.

▒ 허물없는 친구, 그래도 예의가 필요하다

필립 체스터필드는 "아무리 친한 사이라도 둘 사이를 파괴하고 싶지 않으면, 그리고 오래 지속시키고 싶으면, 어느 정도의 예의는 필요한 법이다."라고 말한다.

그렇다. 아무리 가까운 사이요 아무리 오래되고 깊은 우정을 가진 사이라 할지라도 친구의 인격을 보호해 주고, 또 말이나 행동도 항상 조심해야 한다. 허물없다는 이유로 함부로 대하다보면 크나큰 상처로 남아 다시는 건널 수 없는 큰 강을 만들고 마는 경우가 허다하기 때문이다. ≪소학≫에서는 이천(伊川) 선생의 말을 이렇게 소개하고 있다.

> 近世淺薄(근세천박)하여 以相歡狎(이상환압)으로 爲相與(위상여)하며 以無圭角(이무규각)으로 爲相歡愛(위상환애)하나니 如此者安能久(여차자안능구)리오 若要久(약요구)인댄 須是恭敬(수시공경)이니 君臣朋友皆當以敬爲主也(군신붕우개당이경위주야)니라
>
> (요즘 세상 사람은 천박하여 서로 즐기고 예절과는 무관하게 지내는 것을 가지고 뜻이 맞는다 하고, 원만하여 모나지 않는 것을 가지고 서로 좋아하고 사랑한다고 하는데, 이와 같은 사귐이 어찌 오래갈 수 있겠는가? 만약에 사귐을 오래도록 지속하려면 모름지기 서로가 공경해야 한다. 임금과 신하, 벗 사이에도 모두 공경함을 위주로 해야 한다.)

이천 선생의 말처럼, 확실히 임금과 신하 사이에서만 공경이 필요한 것이 아니라, 가장 가까운 친구끼리도 예의를 지키고, 공경하는 마음을 가져야 하는 것이다. 그래야 우정이 더욱 돈독하게 되고, 좋은 관계가 오래갈 수 있는 것이다.

친구 간에는 예의를 바탕으로 하되, 잘못한 것에 대해서는 애정 어린 충고가 필요하고, 좋은 일에 대해서는 권면이 필요하다. 이때가 가장 중요하다. 아무리 좋은 친구라 할지라도 받아들이는 사람의 그릇에 따라 그 충고와 권면이 때로는 상처를 주는 화살이 될 수 있기 때문이다. 그래서 공자는 ≪논어≫에서 친구나 형제자매에게 권면을 할 때는 정성을 다 하라고 다음과 같이 강조하고 있다.

朋友는 切切偲偲하고 兄弟는 怡怡니라

(붕우 간에는 정성을 다하여 권면하고, 형제간에는 기쁜 마음으로 해야 한다.)

그리고 ≪채근담≫에서는

攻人之惡에 毋太嚴하여 要思其堪受하며 教人之善하되 毋過高하여 當使其可從이니라

(다른 사람의 잘못을 비판할 때는 지나치게 엄격하게 하지 말고, 그가 그 책망을 감수할 수 있는가를 생각해야 한다. 다른 사람에게 선행을 가르칠 때는 너무 지나치게 어려운 것으로 하지 말고 그가 따라할 수 있도록 해야 한다.)

라고 하였다. 역시 친구에게도 적용해야 할 삶의 지혜가 아닌가 생각한다.

진정한 우정과 사랑이 배제된 충고는 독약이라 할 수 있다. 따라서 ≪신음어≫에서는 충고를 할 때의 자세를 "책인요함축(責人要含蓄)"이라고 표현하고 있다. 즉 "사람을 책망할 때는 함축이 필요하다."는 것이다.

친구의 "충고"라는 미명 아래 마구잡이로 몰아붙이면 예상치 못했던 불행이 초래되기도 한다. 그러니 언제나 격이 맞는 예의로서 잘못에 대한 지적과 함께 대안을 제시해 주어야 그 충고가 보약처럼 작용하게 되는 것이다.

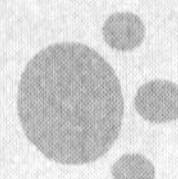

생각나누기

1. 生我者父母(생아자부모) :

2. 知我者鮑叔也(지아자포숙야) :

3. 言而不信非直之友(언이불신비직지우) :

4. 見善從之(견선종지) :

5. 知過必改(지과필개) :

6. 不信乎朋友不獲乎上矣(불신호붕우불획호상의) :

7. 不順乎親不信乎朋友矣(불순호친불신호붕우의) :

8. 爲人謀而不忠乎(위인모이불충호) :

9. 與朋友交而不信乎(여붕우교이불신호) :

10. 傳不習乎(전불습호) :

11. 以敬爲主(이경위주) :

12. 攻人之惡毋太嚴(공인지악무태엄) :

13. 敎人之善毋過高(교인지선무과고) :

제13강 우정(友情)

좋은 사람을 만들어 주는 좋은 친구

≪논어≫에 "무우불여기야(無友不如己也)"라는 말이 있다. "나보다 못한 사람을 친구로 사귀지 말라."는 말이다. 그러나 가만히 따져보면 이 말에는 모순이 있어, 친구관계가 성립될 수가 없다. 왜냐하면 내 입장에서 나보다 나은 친구는 찾을 수 있지만, 상대 입장에서 볼 때 나는 자기보다 못한 사람이기 때문에 친구로 삼아줄 리 없기 때문이다. 그러나 이 말의 숨은 뜻은 친구와 교제를 할 때는 훌륭한 친구의 좋은 점을 배워 닮아가라는 것이다.

사람이든 사물이든 서로 가까이서 상종(相從)하면 은연 중에 서로가 닮아가게 되어 있다. 그래서 키가 작고 구불구불한 쑥도 쭉쭉 뻗은 삼나무 속에 뿌리를 내리면 곧고 높게 자라게 되고, 원래 착하던 사람도 좋지 못한 환경 속에 들어가 친구들과 사귀다 보면 그들처럼 변하고 마는 것이다. 그래서 한문 중에는 이런 점을 깨우쳐주기 위한 글들이 많다. 그 중, ≪사자소학≫ 속의 한 대목은 특별히 환경의 중요성을 잘 말해주고 있다.

> 蓬生麻中(봉생마중)이면 不扶自直(불부자직)하고 白沙在泥(백사재니)하면 與之(여지)皆黑(개흑)이니라
>
> (쑥도 삼밭 속에서 자라면 돕지 않아도 저절로 곧아지고, 흰 모래도 진흙 가운데에 있으면 그와 더불어 모두 검어진다.)

라고 하였다. 본래 성질에까지도 영향을 줄 수 있는 것이 주위 환경임을 강조한 말이다. 그리고 진(晋)나라 부현(傅玄)은 다음과 같이 말하였다.

近朱者赤하고 近墨者黑하며 聲和則響淸하며 形正則影直하니라

(붉은 것을 가까이하면 붉어지고, 검은 것을 가까이하면 검어진다. 소리가 온화하면 그 울림도 맑고, 형체가 바르면 그 그림자도 곧다.)

그리고 송대 구양수(歐陽修)는

君子與君子는 以同道爲朋하고 小人與小人은 以同利爲朋이니라

(군자와 군자는 같은 도를 가지고 친구가 되고, 소인과 소인은 같은 이익으로 친구가 된다.)

라고 하였다. 즉 이와 같이 사람은 같은 목적에 따라 친구가 되지만, 그 목적이 어떤 것이냐에 따라 그 열매가 다를 수밖에 없으니, 나쁜 목적으로 만나 친구가 되는 것은 피해야 좋을 것이다.

그리고 ≪격몽요결≫에서는

同聲相應하며 同氣相求하나니 若我志於學問이면 則我必求學問之士요 學問之士도 亦必求我矣리라

(같은 소리는 서로서로 응하고, 같은 기운은 서로가 찾게 되니, 만일 내가 학문에 뜻을 두고 있다면 나는 반드시 학문하는 선비를 찾을 것이요, 학문하는 선비도 또한 반드시 나를 찾을 것이다.)

라고 하였다. 모두가 끼리끼리 모이고 교제하게 되는 친구간의 관계 형성을 말하고 있는 것이다.

특히 ≪사자소학≫에서는 다음과 같이 말한다.

우기정인 아역자정 종유사인 아역자사

友其正人이면 我亦自正이요 從遊邪人이면 我亦自邪니라

(그 바른 사람을 벗하면 나도 저절로 바르게 되고, 간사한 사람을 따라서 놀면 나도 저절로 간사해진다.)

택이교지 유소보익 불택이교 반유해의

擇而交之면 有所補益하고 不擇而交면 反有害矣니라

(사람을 가려서 사귀면 도움과 유익함이 있고, 가리지 않고 사귀면 도리어 해가 있느니라.)

"옷은 새 것보다 좋은 것이 없고, 사람은 옛 사람보다 좋은 것이 없다.(衣無如新人莫若故)"는 말이 있다. 오랫동안 사귄 친구 사이는 어쩌면 부모보다도 더 서로를 잘 이해할 수 있는 관계가 될 수도 있다. 이런 관계가 되기 위해서는 좋은 사람과 좋은 출발을 해야 서로에게 유익함이 있게 된다는 말이다.

▩ 친구의 실수, 그것이 전부가 아니다

사람은 언제나 실수가 없기를 바라지만, 한 번도 실수 없이 살기란 힘든 일이다. 그래서 때로는 본의 아니게 실수도 하고, 또 때로는 실수가 아니더라도 친구를 슬프게 하는 일이 생기기도 한다. 이때가 중요하다. 지엽적인 실수로 우정의 뿌리가 흔들리지 않도록 서로간의 이해가 필요하고 서로 돌아서는 일이 없도록 노력해야 한다. 이런 면에서 ≪논어≫에서는 이렇게 말하고 있다.

고구무대고 즉불기야

故舊無大故면 則不棄也라

(오래된 친구는 여간한 일이 아니면 버리지 말라.)

이 말은 공자(孔子)가 그토록 높이 칭송하던 주공(周公)이 아들 백금(伯禽)에게 한 말이다. 주공은 무왕(武王)을 도와 큰 공을 세웠던 것으로 곡부(曲阜)에 봉해졌다. 하지만 그는 아들 백금을 대신 보내고 자신은 계속 무왕을 도왔다. 주공은 길을 떠나는 아들에게 또 "무구비어일인(無求備於一人)"이라고 일러주었다. 즉, "한 사람이 모든 것을 완벽하게 갖추어 있기를 바라지 말라."는 말이다. 큰일을 하러 떠나는 자식에게 아버지가 일러준 이 가르침이 지금 세상인들 다를 것이 뭐가 있겠는가?

친구와 다툴 일이 있으면 다툴 수밖에 없다. 그러나 다툴 때는 다투더라도 마무리를 잘 해서 지금까지의 우정에 변함이 없도록 해야 한다. 다툼이라고 해서 꼭 나쁜 것은 아니다. 다툼 후에는 더 사이가 좋아지고, 또 우정을 확인하는 계기가 될 수도 있기 때문이다. "불타불성상식(不打不成相識)"이란 말이 있다. "다투지 않으면 사이가 좋아지지 않는다."라는 말이다. 역으로 사이가 좋아지기 위해서 다투는 그런 사람은 세상에 없겠지만, 어쨌든 "두 마리 호랑이가 서로 싸우면 반드시 한 쪽이 상처를 입는다.(兩虎相爭, 必有一傷)"는 속담이 있듯이, 극단적인 언행은 반드시 피해서 상처 입는 다툼이 되지 않도록 해야 할 것이다.

현실적으로 친구들 중에는 여러 종류가 있다. 그 많은 친구들을 공자는 유익한 세 종류의 벗과, 손해가 되는 세 종류의 벗으로 구분하여 ≪논어≫에서 다음과 같이 말하고 있다.

> 益者三友요 損者三友니 友直하며 友諒하며 友多聞이면 益矣요 友便辟하며 友善柔하며 友便佞하면 損矣니라
>
> (유익한 벗으로 셋이 있고 해로운 벗으로 셋이 있으니, 벗이 바르며, 벗이 성실하며, 벗에게 문견이 많으면 유익하고, 벗이 한쪽으로 치우쳐 있고, 벗이 너무 유순하며, 벗이 말을 잘하면 손해를 보게 된다.)

라고 하였다. 희망사항은 자신의 친구들이 모두 유익한 벗이었으면 좋겠지만, 살다보면 그렇지 못한 친구도 섞여 있을 수 있다. 이런 바람직하지 못한 친구들을

멀리하는 것도 능사는 아니다. 그렇다면 어떻게 해야 하는가? ≪곡례≫에서 말하는 군자의 태도를 따른다면 좋지 않을까 생각된다.

> 군자 불진인지환 불갈인지충 이전교 야
> 君子는 不盡人之歡하며 不竭人之忠하여 以全交也니라
>
> (군자는 남이 기쁘게 해주기를 다 바라지 않으며, 남이 충성스럽게 해주기를 다 바라지 않아 사귐을 온전히 한다.)

그리고 맹자(孟子)는

> 책선 붕우도야
> 責善은 朋友道也니라
>
> (착하도록 권하는 것이 친구의 도리이다.)

라고 하였다. 그리고 또 ≪사자소학≫에서는

> 인지재세 불가무우 이문회우 이우보인
> 人之在世에 不可無友니 以文會友하고 以友輔仁하라
>
> (사람이 세상에 있으면서 친구가 없을 수 없으니, 글로써 벗을 모으고 벗으로써 인을 도와라.)

라고 말하고 있는데, 어쩌면 ≪사자소학≫의 이 구절보다 더 좋은 방향 제시는 없지 않을까 싶다.

친구의 허물, 그건 곧 나의 허물

≪장자≫에 "고니는 날마다 목욕을 하지 않아도 희고, 까마귀는 날마다 검정이를 묻히지 않아도 검다.(鵠不日浴而白 烏不日黔而黑)"는 말이 나온다. 이 말은 곧 원래부터 고니는 희게, 까마귀는 검게 태어났기 때문에, 아무리 씻거나 검정이를 묻혀도 그 실체는 변하지 않는다는 말이다. 동물의 속성은 그러할지라도 사람은 다를 수 있다. 타고난 어떤 성질이나 성격도 환경이나 교육에 의해서 충분히 바뀔 수 있는 것이 사람이다. 그래서 친구들의 역할이 중요하고 또 필요한 것이다. 어떤 면에서는 부모나 스승으로부터 배우는 것보다 친구에게 배우는 것이 더 적절하고 실제에 꼭 들어맞는 경우가 많다. 그래서 ≪명심보감≫에서는 다음과 같은 말을 소개하고 있는데, 우리의 현실과 다른 점이 있는가?

주 봉 지 기 천 종 소　화 불 투 기 일 구 다
酒逢知己千鍾少요 話不投機一句多니라

(술은 자기를 알아주는 친구를 만나면 천 잔도 적고, 말은 의기가 투합 되지 않으면 한 마디도 많다.)

정말 친구라면 백아(伯牙)와 종자기(鍾子期) 사이처럼 진정한 "지기(知己)" 관계가 되도록 노력해야 한다. 그래서 때로는 의협심을 가지고 친구를 좋은 길로 인도해야 한다. 왜냐하면 내 모습이 친구의 모습이고, 친구의 모습이 내 모습이기 때문이다. ≪채근담≫에서는

교 우　수 대 삼 분 협 기
交友에 須帶三分俠氣니라

(벗과 사귐에 있어서는 마땅히 3할의 의협심을 가져야 한다.)

라고 하였다. "의협심"이란 남의 어려움을 돕거나 억울함을 풀어 주기 위하여 자신을 희생하려는 의로운 마음, 체면을 중히 여기고 신의를 지키는 마음을

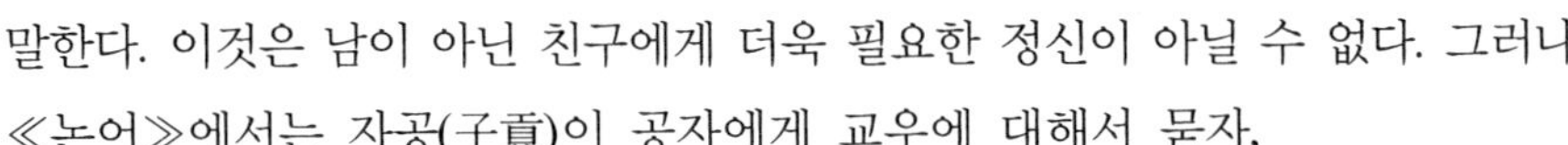

말한다. 이것은 남이 아닌 친구에게 더욱 필요한 정신이 아닐 수 없다. 그러나 ≪논어≫에서는 자공(子貢)이 공자에게 교우에 대해서 묻자,

충고이선도지 불가즉지 무자욕언
忠告而善道之하되 不可則止하여 毋自辱焉이니라

(충성스런 말로 알려주고 착한 것으로 인도하되, 불가능하면 그만두어 자기 자신이 모욕을 당하지 않도록 한다.)

라고 하였다. 즉, 공자는 목숨까지 걸고서라도 친구에게 충고하라고 요구하지는 않고 있다. 다소 소극적이고 무책임한 말 같지만, 너무 지나쳐서 서로에게 상처가 될 것을 염려한 것이다. 서양 속담에 "친구의 단점을 지적하지 말라. 단점을 고치긴 하겠지만 너를 싫어하리라."라고 한 말에 비하면 그렇게 무책임한 말은 아니라 할 것이다. ≪사자소학≫에서는

붕우유과 충고선도 인무책우 이함불의
朋友有過어든 忠告善導하라 人無責友면 易陷不義니라

(친구에게 잘못이 있거든 충고하여 착하게 인도하라. 사람이 잘못을 꾸짖어 주는 친구가 없으면 의롭지 못한데 빠지기 쉬우니라.)

면찬아선 첨유지인 면책아과 강직지인
面讚我善이면 諂諛之人이요 面責我過면 剛直之人이니라

(면전에서 나의 착한 점을 칭찬하면 아첨하는 사람이고, 면전에서 나의 잘못을 꾸짖으면 굳세고 정직한 사람이다.)

라고 하였다. 속담에 "충성된 말은 귀에 거슬리나 행실에는 이롭다.(忠言逆於耳而利於行)"라는 말이 있다. 친구가 귀에 거슬리는 이야기를 하는 그 이유를 먼저 이해하고 그 진실 된 마음을 받아들일 수 있다면, 서양 속담에서 "싫어하게 되리라."는 걱정은 하지 않아도 될 것이다.

생각나누기

1. 無友不如己也(무우불여기야) :
2. 蓬生麻中不扶自直(봉생마중불부자직) :
3. 近朱者赤(근주자적) :
4. 近墨者黑(근묵자흑) :
5. 形正則影直(형정즉영직) :
6. 以同道爲朋(이동도위붕) :
7. 以同利爲朋(이동리위붕) :
8. 友其正人我亦自正(우기정인아역자정) :
9. 從遊邪人我亦自邪(종유사인아역자사) :
10. 擇而交之有所補益(택이교지유소보익) :
11. 不擇而交反有害矣(불택이교반유해의) :
12. 無求備於一人(무구비어일인) :
13. 益者三友(익자삼우) :
14. 損者三友(손자삼우) :
15. 以文會友(이문회우) :
16. 以友輔仁(이우보인) :
17. 鵠不日浴而白(곡불일욕이백) :
18. 烏不日黔而黑(오불일검이흑) :
19. 酒逢知己千鍾少(주봉지기천종소) :
20. 話不投機一句多(화불투기일구다) :

제14강 부부(夫婦)

부부의 인연, 그저 맺어진 것이 아니다

인연으로 우리는 여러 모양의 관계들을 만들어 가지만, 일생의 대사인 결혼과 함께 부부의 인연을 맺게 되는 것은 그 어떤 관계보다 중요한 일이다.

인연은 아무렇게나 쉽게 이루어지는 것이 아니다. 인연이 없으면 아무리 코앞에 가까이 있는 사람이라 할지라도 서로 모르고 지내며, 또 아무리 지척에서 사이좋게 지낸다 할지라도 나의 짝이 될 수가 없는 것이다.

불가(佛家)에서는 부부의 인연이란, 백 년에 한 번 날아오는 새가 달덩이만한 쇠구슬을 부리로 쪼아 닳아 없어졌을 때 만날 수 있는 확률에서 만들어지는 것이라 한단다. 참으로 대단한 비유다. 만일에 그렇다면 지금 부부가 된 그 인연에 감사하지 않을 수가 없을 것이다.

일반적으로 맺게 되는 인간관계를 "인연(因緣)"이라 하고, 부부간에 맺게 되는 관계를 "인연(姻緣)"이라고 말하는데, 인생에서 행복의 절반은 바로 좋은 부부로서 맺게 되는 이 "인연(姻緣)"에서 비롯된다고 할 수 있다. 아니 절반이 아니라 거의 전부가 이것에 기인한다고 해도 과언이 아닐 것이다. 그것은 부부로 살면서 희로애락을 같이하게 되고, 서로 의지하면서 힘이 될 수 있는 관계가 바로 영원한 반려자 "부부"이기 때문이다. 그러나 때로는 잘못된 만남도 없잖아 있다. 애당초 서로가 만나지 말았더라면 더 좋았을 것이라고 생각되는 그런 경우가 그렇다. 하지만 악연(惡緣)도 노력 여하에 따라 선연(善緣)으로 돌려놓았던 주위 사람들의 아름다운 실례(實例)들도 많으니, 일단 부부가 된 이상 서로가 죽도록 노력을 해 볼 일이다.

한문 구절 중에는 부부의 인연에 대하여 이런 표현도 있다. ≪인생필독≫ 중의 말이다.

백 세 수 래 동 선 도　　천 년 수 래 공 침 면
百世修來同船渡요 千年修來共枕眠이라

(백 년을 수양해야 같은 배로 강을 건널 수 있고, 천 년을 수양해야 같은 베개로 잠을 잘 수가 있다.)

즉, 천 년의 수양을 통해 부부가 될 수 있다는 말이다. 그리고 하루를 살아도 부부는 부부이기 때문에 그 인연 역시 쉽게 만들어진 것이 아니라고 강조한다. 역시 ≪인생필독≫ 중의 말이다.

일 일 부 처　　백 세 인 연
一日夫妻라도 百世姻緣이라

(하루살이 부부라고 할지라도, 백대(百代)의 인연에 따른 것이다.)

그토록 오랜 기간 만남을 준비해 왔다가, 아무리 길어도 부부로 백 년도 넘기지 못하고 다시 헤어져야 하는 현실을 직시한다면, 얼마나 서로가 사랑하고 아끼면서 흘러가는 세월을 아쉬워해야 하겠는가? 부부가 살다가 헤어짐을 ≪인생필독≫에서는 이렇게 표현하고 있다.

인 생 사 조 동 림 숙　　대 한 래 시 각 자 비
人生似鳥同林宿하다가 大限來時各自飛니라

(인생이란 마치 새가 같은 숲에서 잠을 자는 것과 같은 것이다. 떠날 때가 되면 각자 스스로가 따로 날아가게 된다.)

만나면서 이별을 생각해서는 상서롭지 못하다 하겠지만, 어쩌면 만나면서부터 언젠가는 아쉬운 이별을 해야 할 것이라는 사실을 잊지 않고 산다면 그 만남을 더욱 귀중하게 여기고 최선을 다해 사랑하며 살아갈 것이리라.

부부의 본질은 사랑에 있다

부부의 본질은 사랑에 있다. 따라서 결혼은 사랑을 바탕으로 이루어져야 한다.

결혼 상대를 선택할 때 여러 가지 희망사항이 있을 수 있겠지만, 그 어떤 요소도 사랑을 넘어설 수 없고 넘어서서도 안 된다. 오늘날 결혼을 할 때, 사랑 이외의 욕심과 목적을 위해 정략적으로 결혼을 하는 경우도 있으며, 또 부모들이 과도한 지참금을 요구하는 경우도 있다. 죽도록 사랑해도 현실에서는 마음을 합해 넘어야 할 산들이 수없이 많은데, 그런 목적으로 해서 만난 두 사람이 진심으로 사랑하며 협력하며 한 평생을 해로할 수 있겠는가? 행복하기보다는 불행할 확률이 훨씬 더 많음을 우리는 너무나 잘 알고 있다. 그래서 ≪명심보감≫에서도 문중자(文中子)의 말을 인용하여 이런 점을 강조하고 있다.

혼취이논재 이로지도야 군자불입기향
婚娶而論財는 夷虜之道也라 君子不入其鄕하나니

고자 남녀지족 각택덕언 불이재위례
古者에 男女之族이 各擇德焉이요 不以財爲禮니라

(혼인에 재물을 논하는 것은 오랑캐의 방법이다. 군자는 그와 같은 풍습이 있는 고을에 들어가지 않는다. 옛날에는 남녀 족속이 각각 덕성을 택했을 뿐, 재물을 보내는 것으로 예를 삼지 않았다.)

물론 결혼의 풍속도가 너무 많이 달라진 지금, 옛 선조들의 사고를 그대로 따르는 것에 무리가 있는 경우도 있지만, 결혼에 "재물"을 너무 중시하지 말라는 점, "덕성" 있는 사람을 택하라는 점 등은 지금도 잊어서는 안 될 가르침이다. 그러면 천륜에 따라 만난 부부는 어떻게 살아야 하는가? ≪사자소학≫에서는 다음과 같이 말하고 있다.

부부지륜 이성지합 내외유별 상경여빈
夫婦之倫은 二姓之合이니 內外有別하야 相敬如賓하라

(부부의 인륜은 두 성씨가 합한 것이니 남편과 아내는 분별이 있어서 서로 공경하기를 손님처럼 하라.)

부도화의 부덕유순 부창부수 가도성

夫道和義요 婦德柔順이니라 夫唱婦隨면 家道成

의

矣리라

(남편의 도리는 온화하고 의로운 것이요, 부인의 덕은 유순한 것이니라. 남편이 선창하고 부인이 이에 따르면 가도가 이루어질 것이다.)

그리고 두 사람이 마음을 맞춰 오순도순 살아갈 때 그 모습은 참으로 아름다울 뿐만 아니라, 그 결과도 좋을 수밖에 없다. 그래서 ≪인생필독≫에서는

양인일조심 유전감매금

兩人一條心이면 有錢堪買金이라

(두 사람이 하나로 마음을 합치면, 능히 황금을 살 수 있는 돈도 소유하게 된다.)

라고 하였다. 그런데 서로 마음이 맞지 않으면 어떻게 될까? 역시 ≪인생필독≫에서는 이렇게 표현하고 있다.

일인일조심 무전감매침

一人一條心이면 無錢堪買針이니라

(두 사람이 각자 욕심을 가지게 되면, 바늘 살만한 돈도 가질 수가 없게 된다.)

살면서 우리는 이런 말을 듣곤 한다. 그 집안은 두 부부가 만난 뒤로 엄청나게 번창이 되었다는 말이나, 그렇게 잘 나가던 집안이 그 둘이 만나고 난 뒤로 폭삭 망하고 말았다는 그런 이야기들 말이다. 모두가 두 사람의 마음이 어떠했는지에 대한 결과라 할 것이다.

존경받는 남편, 지혜로운 아내

탓닉한은 이렇게 말한다. “결혼한다는 것은 사랑을 실천하기 위해 두 사람만의 공동체를 만드는 것과 같다. 서로를 보살피고, 상대방이 꽃처럼 피어나게 하고, 행복을 현실로 만드는 것이다. 행복은 개인적인 문제가 아니다. 그대는 적어도 하루에 한 번 미소 짓는 것을 실천해야 한다. 그대 자신만이 아니라 배우자를 위해. 배우자만을 위해서가 아니라 그대 자신을 위해.”

우리는 탓닉한의 “미소” 행복론을 귀담아 들었으면 좋겠다. 사랑도 없고 웃을 일도 없는데 어떻게 미소 지을 수 있느냐고 할지 모른다. 그러나 모든 것은 노력이고, 그 노력에 따라 엄청난 변화가 생기게 된다는 사실을 경험자들은 말한다. “여자는 남자하기 나름이다.”란 말이 있다. 먼저 남편이 잘 하면 아내 역시 잘 하지 않을 수가 없게 될 것이다.

그러나 우리 선조들이 살았던 시대에는 남편보다는 아내의 어질고 현숙함을 강조하는 경우가 많았으니 ≪명심보감≫에서 그 예를 보면 다음과 같다.

현부 령부귀 녕부 령부천

賢婦는 令夫貴요 佞婦는 令夫賤이라

(어진 부인은 남편을 귀하게 하고, 간악한 아내는 남편을 천하게 한다.)

가유현처 부불조횡화

家有賢妻면 夫不遭橫禍니라

(집안에 어진 아내가 있으면 그 남편이 뜻밖의 화를 만나지 않는다.)

시대가 바뀌어서 변한 것도 많지만, 아내의 역할과 그 중요성까지 변한 것은 아니다. 물론 남편의 역할이나 책임감이 약화된 시대가 아님은 말할 것도 없다. 태공(太公)은 “어리석은 사람은 아내를 두려워하고, 어진 아내는 남편을 공경한다.(痴人畏婦 賢女敬夫)”고 했는데, 남편이나 아내가 서로 공경하는 태도가 중요하다. ≪명심보감≫에서는 부부가 서로 사랑하며 허물이 없기를 강조하고 있다. 만일에 마음이 통하지 않으면, “얼굴을 맞대고 함께 이야기를 하고 있어도, 마음은 중간에 천 개의 산을 놓고 있다(對面共話 心隔千山)”고 말하고 있다.

부부란 눈빛만 봐도 서로의 심사를 읽을 수 있고, 이심전심(以心傳心)이 되어야 할 관계다.

≪격몽요결≫에서 말한 부부의 역할 및 방법을 명심한다면 행복한 부부, 건강한 가정은 걱정하지 않아도 될 것이다.

必須夫和而制以義하고 妻順而承以正하여 夫婦之間에 不失禮敬然後에 家事를 可治也리라

(모름지기 남편은 온화하게 하여 올바른 도리로 제어하고, 아내는 순종하면서 올바른 도리로써 받들어, 부부 사이에 예의와 공경을 잃지 않은 뒤에 집안일을 잘 다스릴 수가 있는 것이다.)

≪이견지≫에 "피색여피수(避色如避讐)"라 하였다. 즉, 여색 피하기를 원수 피하듯이 하라는 말이다. 이 말은 남자에게 해당되는 말인 듯하지만, 반드시 남자에게 국한된 것은 아니다. 남편이나 아내 모두에게 배우자 외의 "색정"에 눈 돌리지 말라는 말로 받아들이는 것이 좋을 것 같다. 두 사람간의 사랑이 약간 부족하여서는 그런대로 살아갈 수 있지만, 나의 배우자에게 다른 남자 다른 여자가 생겼을 경우에는 문제가 심각하다. 애인 혹은 부부관계에서, 내 "동반자"를 잃게 되었을 때 그 타격과 배신감이란 상상할 수도 없을 것이다. 그로 인한 상실감과 질투심은 그 어떤 형태로 발산을 시켜도 마음이 후련할 수가 없다. 그래서 ≪노학구어≫에서도 이런 점을 다음과 같이 지적한다.

忮心最是難平이니 須知不平則險이니라 丈夫不肯求人이면 胸次却無坑坎이니라

(질투심을 다스리기가 가장 어렵다. 질투심을 다스리지 못하면 위험하다는 것을 반드시 알아야 한다. 남편이 다른 여자를 탐하려고 안 하면 아내는 마음속으로 괴로워하지 않는다.)

부부간에 또 다른 이성을 만드는 것은 가정을 파괴하기 위한 수순의 첫 단계다. "나라가 어지러울 때는 훌륭한 장군이 생각나고, 집안이 가난할 때는 어진 아내가 생각난다.(國亂思良將 家貧思賢妻)"고 하였다. 서로가 유행가 가사처럼 "있을 때 잘해"야겠다는 생각을 많이 하면 많이 할수록 좋을 것이다.

생각나누기

1. 百世修來同船渡(백세수래동선도) :

2. 千年修來共枕眠(천년수래공침면) :

3. 一日夫妻百世姻緣(일일부처백세인연) :

4. 鳥同林宿各自飛(조동림숙각자비) :

5. 婚娶而論財(혼취이론재) :

6. 不以財爲禮(불이재위례) :

7. 內外有別相敬如賓(내외유별상경여빈) :

8. 夫道和義婦德柔順(부도화의부덕유순) :

9. 夫唱婦隨家道成矣(부창부수가도성의) :

10. 賢婦令夫貴(현부령부귀) :

11. 佞婦令夫賤(녕부령부천) :

12. 家有賢妻夫不遭橫禍(가유현처부부조횡화) :

13. 痴人畏婦賢女敬夫(치인외부현녀경부) :

14. 對面共話心隔千山(대면공화심격천산) :

15. 避色如避讐(피색여피수) :

16. 家貧思賢妻(가빈사현처) :

제15강 인품(人品)

▒ 고상한 인품은 사람의 향기

≪마의상법≫이란 책이 있는데, 이는 사람의 관상에 관한 책이다. 그런데 다른 책들과는 달리, 여기서는 사람의 표면적인 "상(相)"을 중시하면서도 사람의 됨됨이를 강조하고 있다는 점에서 큰 관심을 받아왔다. 책은 적고 있기를, "관상(觀相)이란 심상(心相)만 못하고, 심상(心相)이란 덕상(德相)만 못하다.(觀相不如心相 心相不如德相)"고 하여 사람이 덕을 베풀면서 자연스럽게 만들어진 상이 최고라고 강조한다.

상식적으로 생각해 보더라도 언제나 좋은 생각을 하고 좋은 일을 하는 사람에게 어찌 좋은 일이 생기지 않겠는가? 아무리 관상학적으로 좋은 요소를 가지고 있다 하더라도 나쁜 마음을 먹게 되면 좋지 못한 인상으로 바뀌어 갈 것이 뻔하다. 그러나 좀 못생기고 능력이 부족하다 할지라도 훌륭한 인품을 가지고 선한 덕을 쌓는 사람은 좋은 인상으로 바뀌어 갈 것이라 생각된다.

사람의 인품은 먼저 남의 단점을 덮어주고자 노력하고, 그 사람의 잘못에 대해 관용을 베풀어줄 줄 아는 자세에서 고상한 품격이 만들어지기에, ≪명심보감≫에서는 이렇게 말하고 있다.

만 사 종 관　　　기 복 자 후
萬事從寬이면 其福自厚니라

(모든 일에 너그러움으로 따르면 그 복이 저절로 두터워진다.)

여기서 말하는 관용에 따른 "복"이란 곧 그 사람의 "인품"을 달리 표현한 것이라 할 수 있다. 훌륭한 인품을 가진 사람이 복을 받게 되는 것은 당연한 이치이기 때문이다.

훌륭한 인품을 만들어가는 방법의 하나로, ≪천자문≫에서는 다음과 같은 점을 강조한다.

莫談他短(막담타단)하고 靡恃己長(미시기장)하라

(다른 사람의 단점을 말하지 말고, 자기의 장점을 믿지 말라.)

고매한 인품을 만들어 가는데 금물은 자신에 대한 자랑과 자만이다. 남의 단점을 지적해 줄 수도 있고 충고해 줄 수도 있다. 하지만 이럴 경우에도 역시 지혜가 필요하며, 무엇보다 그에 대한 사랑과 관심에서 출발이 되어야 한다.

바닷물이 넓고 하늘의 달이 아름다운 이유를 ≪노학구어≫에서는 이렇게 적고 있다.

汪汪之量(왕왕지량)으로 海納百川(해납백천)이요 皎皎之心(교교지심)으로 月麗(월려)中天(중천)이니라

(깊고 넓은 도량으로 바다는 모든 냇물들을 받아들이고, 희고 밝은 마음으로 달은 하늘 한복판을 아름답게 한다.)

우리 인간도 저 바닷물 같은 도량을 닮고, 저 아름다운 달의 마음을 닮을 수만 있다면, 어찌 인간적인 냄새가 물씬거리는 아름다운 향기를 풍길 수 없겠는가?

▒ 용서와 반성은 희망의 전도사

이런 이야기가 있다.

어떤 병사가 성전에서 은그릇을 훔치다가 들켰다. 왕의 추궁에 병사는 "성모 마리아님이 불쌍한 것을 아시고 그릇을 훔쳐도 좋다고 하셨습니다."라고 변명을 하였다. 어진 왕은 거짓말인 줄 알면서도 그런 기적이 일어날 수 있느냐고 신부에게 물었다. 신부들은 딱한 나머지 "그렇다."고 대답했다. 그런 대답이 나오길 바랐던 왕은, 병사에게 "지금부터는 성모 마리아님이 주는 선물이라도 결코 받아서는 안 되네."라고 하면서 그를 풀어주었다는 이야기다.

여기서 우리는 뻔히 알면서도 속아주고 또 관용을 베풀어준 왕의 하해(河海)같은 인품을 잘 볼 수가 있다. 그러나 우리가 지금 병사의 입장이라면 어떠한 생각과 각오를 해야 할 것인지 깊이 생각해 보지 않을 수가 없다. 병사가 마땅히 취할 행동은 곧 "바보"가 되어준 왕에 대한 감사요, 자신의 과오에 대한 통절한 반성일 것이다. ≪노학구어≫에서 말하기를

> 何賤何貧(하천하빈)이라도 只要成人(지요성인)이라 有品不賤(유품불천)이요 有學不貧(유학불빈)이니라
>
> (아무리 천하고 아무리 가난하다 할지라도 사람이 되어야 한다. 훌륭한 인품을 가지면 천하지 않게 되고 높은 학식을 가지면 가난하지 않게 된다.)

라고 하였다. 간혹 위의 병사와 같은 그런 비슷한 마음을 가졌던 우리들이 있었다면 귀담아 들을 말이다. 비록 낮은 지위에 있다 할지라도 천하지 않을 수 있는 비결은 "훌륭한 인품"을 가지는 것이라고 한 글의 내용 역시 놓쳐서는 안 될 말이다.

또 훌륭한 인품을 만들어 가는데 꼭 필요한 덕목 중의 하나는 타인에 대한 용서요, 자기 허물에 대한 책망이라 할 수 있다. 그래서 ≪경행록≫에서는 이런 점을 강조하여 다음과 같이 말하였다.

책인자 불전교 자서자 불개과
責人者는 不全交요 自恕者는 不改過니라

(남을 꾸짖는 자는 사귐을 온전히 할 수 없고, 자기를 용서하는 사람은 허물을 고치지 못한다.)

이책인지심 책기 즉과과 이서기지심
以責人之心으로 責己면 則寡過요 以恕己之心으

서인 즉전교
로 恕人이면 則全交니라

(남을 책망하는 마음으로 자기를 책망하면 허물이 적을 것이요, 자기를 용서하는 마음으로 남을 용서한다면 사귐을 온전히 할 것이다.)

그래서 톨스토이 역시 "관용은 인생의 덕목 가운데서도 으뜸가는 덕목이다."라고 하였다. 사람은 실제로 완전무결하기가 어려운 존재다. 따라서 아무리 훌륭한 사람이라도 결점을 가지고 있으며, 또 잘못을 저지를 수 있다는 점에서 아무도 자유롭지 못하다. 그렇기 때문에 남에 대해서는 관대하고 자신의 부족한 점에 대해서 엄격해야 한다는 것이다.

내가 하기 싫은 일, 다른 사람도 하기 싫은 법

한문에 "역지사지(易地思之)"라는 말이 있다. 입장을 바꾸어 생각한다는 뜻이다. 무슨 일이든 상대의 입장에서 한 번쯤 생각해 보고, 그 마음을 조금이라도 헤아릴 자세가 되어 있을 때는 그렇게 큰 충돌이나 다툼이 생기지 않는다. 대부분은 자신만의 입장에서만 일을 처리하다 보면 불쾌한 일이 생기게 된다. 그래서 이러한 우리 인간들의 정서나 습관을 잘 알고 있었기에 공자는 ≪논어≫에서

기소불욕 물시어인
己所不欲을 勿施於人하라

(자신이 하기 싫은 일은 다른 사람에게 시키지 말라.)

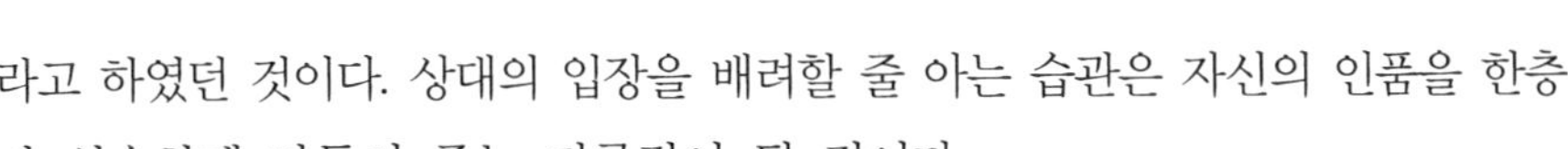

라고 하였던 것이다. 상대의 입장을 배려할 줄 아는 습관은 자신의 인품을 한층 더 성숙하게 만들어 주는 지름길이 될 것이다.

≪서경≫에서는 "처세지일서자(處世只一恕字)"라 하여, "세상을 사는 데는 단지 '용서 서(恕)'라는 한 글자만이 필요하다."고 하였다. 또 같은 책에서

여인불구비 검신약불급

與人不求備하고 檢身若不及하라

(다른 사람을 대함에 있어서는 완벽을 요구하지 말고, 자신을 단속함에 있어서는 부족한 존재처럼 하라.)

라고 하여, 불완전한 타인에 대하여 우리가 어떤 자세를 취해야 하는지를 분명하게 지적하고 있다. 자기 자신이 완벽하지 아니한 존재인 상태에서 상대방에게 완벽을 요구한다는 것은 어불성설(語不成說)이다. 자기가 하고 싶지 아니한 바를 남에게 시키는 것도 공정한 것이 되지 못한다. ≪중용≫에서는

정기이불구어인 즉무원

正己而不求於人이면 則無怨이라

(자기 몸을 바르게 하고 남에게 바름을 요구하지 않으면, 원망하는 사람이 없다.)

고 하였다. 남들로부터 원망을 듣지 아니하고, 도량이 큰 관용의 가슴을 가졌을 때 화(禍)도 곧 복(福)으로 바뀌게 될 것이다.

사람이 향기 나는 인품을 가지게 되면 자연스럽게 사람들이 모여들게 되어 있다. 훌륭한 인품을 가진 사람의 말 한마디, 행동 하나에는 다른 사람들로 하여금 믿음을 가지게 하고, 또 더 큰 관심과 사랑을 실천할 수 있도록 하는 마력이 들어 있다. 우리가 순간순간을 유쾌하게 보내기 위해서 하는 달콤한 말도 중요하지만, 무엇보다 신뢰가 가는 말 한마디가 더욱 중요한 것이다.

달걀이 수정이 되지 않아서 병아리로 태어날 수 없는 달걀을 "무정란(無精卵)"이라고 한다. 우리들의 말 속에도 믿음을 탄생시킬 수 없는 말을 비슷한 용어로 만들어 본다면 "무정언(無精言)"이라고 할 수 있을 것이다. "무정언(無精言)"을 삼가고, 항상 덕성스런 행동을 보이는 사람은 바라만 보아도 기분이 좋아진다.

≪사기≫에 다음과 같은 말이 있다.

도리불언 하자성혜
桃李不言이나 下自成蹊니라

(복숭아나무 자두나무는 아무 말이 없으나, 그 밑에는 자연히 길이 생긴다.)

훌륭한 인품을 가진 리더에 대한 자연스런 현상을 말한 것이다. ≪자치통감≫에 보면 이런 말이 있다.

호기소단 긍기소장
護其所短하고 矜其所長이니라

(그 사람의 부족한 점은 보호해 주고, 그 사람의 잘난 점은 자랑해 준다.)

지도자뿐만 아니라, 그 누구라도 명심해서 평생 가르침으로 받아들일 말이 아닐 수 없다. ≪서경≫에서는 또 이렇게 말하고 있다.

완인상덕 완물상지
玩人喪德이요 玩物喪志니라

(사람을 농락하면 덕을 잃고, 사물을 농락하면 뜻을 잃는다.)

절대로 자신의 유익이나 쾌락을 위해 위의 내용처럼 해서는 안 될 것이다. 그렇다면 바른 행동과 바른 생각을 추구하는 인격자라 할지라도 부득이한 경우에는 어떻게 해야 하는가? ≪격몽요결≫에서는 다음과 같은 방법을 제시해 주고 있다.

향인지선자 즉필수친근통정 이향인지불선
鄕人之善者는 則必須親近通情하고 而鄕人之不善
자 역불가악언양기루행 단대지범연
者는 亦不可惡言揚其陋行이요 但待之泛然하여

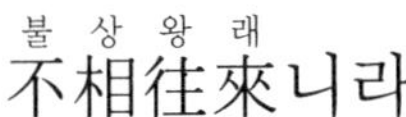
불 상 왕 래
不相往來니라

(고을 사람 중에 선한 자는 반드시 가까이 지내면서 정을 통하고, 고을 사람 중에 선하지 않은 사람이라도 역시 나쁜 말로 그의 더러운 행실을 드러내지 말고, 다만 대하기를 범연하게 하면서 서로 왕래를 하지 말아야 한다.)

부득이한 경우, 좋지 못한 사람과 연관이 되더라도 신중하게 행동하면서 가능하면 "범연"한 자세로 왕래를 피하라고 권하고 있다. 글은 이어서 이렇게 말한다.

약 전 일 상 지 자 즉 상 견 지 서 한 훤 불 교
若前日相知者라도 則相見에 只敍寒暄하고 不交

타 어 즉 자 당 점 소 역 불 지 어 원 노 의
他語면 則自當漸疎하여 亦不至於怨怒矣리라

(그전부터 서로 알고 지내던 자라고 할지라도 서로 만났을 때 그저 근황이나 묻고 다른 말은 주고받지 않으면, 자연스럽게 점점 소원해져서 또한 원망하고 노여워함에 이르지 않을 것이다.)

옛 성현들은 이러한 행동 지침을 통해서 자녀들이나 학동들에게 분명한 교육을 시켰지만, 지금은 이러한 내용에 대한 교육이 거의 전무하다시피 하여 아쉬움이 많다 하겠다. 옛날식 교육내용도 좀 많이 활용할 수 있다면 좋겠다.

생각나누기

1. 觀相不如心相(관상불여심상) :

2. 心相不如德相(심상불여덕상) :

3. 萬事從寬其福自厚(만사종관기복자후) :

4. 莫談他短(막담타단) :

5. 靡恃己長(미시기장) :

6. 有品不賤(유품불천) :

7. 有學不貧(유학불빈) :

8. 責人者不全交(책인자불전교) :

9. 自恕者不改過(자서자불개과) :

10. 己所不欲勿施於人(기소불욕물시어인) :

11. 處世只一恕字(처세지일서자) :

12. 與人不求備(여인불구비) :

13. 檢身若不及(검신약불급) :

14. 正己而不求於人(정기이불구어인) :

15. 護其所短(호기소단) :

16. 矜其所長(긍기소장) :

제16강 지혜(智慧)

돈과 권력으로도 살 수 없는 지혜

돈으로도 살 수 없고 권력으로도 통제할 수 없는 것이 곧 지혜다.

생활 속에서 지혜를 잘 활용할 줄 아는 사람은 강을 건널 때 구명조끼라도 입은 듯이 세상을 잘 살아갈 수 있는 사람이라고 할 수 있다. 왜냐하면 지혜는 사람이 살아가는데 운신의 폭을 넓혀주고, 어려운 순간마다 곤궁에서 빠져나올 수 있는 마술 같은 능력을 가지고 있기 때문이다.

그런데 이 지혜는 지식과는 다소 차원이 다른 것이다. 지식은 학문을 통해서 배우고 익혀 알게 되는 것이지만, 지혜 중에는 사람이 살아가는 중에 온갖 시행착오를 겪으면서 스스로 터득한 산물이 더 많기 때문이다. 물론 지식을 완전히 배제하고 만들어지는 것은 결코 아니다. 배우고 익힌 지식을 바탕으로 하되, 현실생활 중에서 접하게 되는 위기와 복잡한 일들을 슬기롭게 대처하는 과정 등을 통하여 사물의 이치를 깨닫게 되고, 그 이치에 따라 융통성 있게 살아갈 수 있는 것이 곧 지혜의 실체인 것이다. 그래서 한문 격언에 보면

불경일사　불장일지
不經一事면 不長一智니라

(어떤 일을 경험해 보지 않으면, 하나의 지혜도 자라지 않는다.)

라고 하는 말이 있다. 지혜란 선천적으로 타고 나는 사람도 있지만, 대부분은 생활 속에서 형성되며 특히 어려운 순간과 깊은 사고 등을 통해서 훌륭한 지혜가 생기는 것이 일반적이다.

그래서 아일랜드의 패트릭은 지혜가 만들어지는 과정과 그 기능을 종합하여, "고통은 인간을 생각하게 만들고, 생각은 인간을 지혜롭게 만들며, 지혜는 인생을 견딜 만하게 만든다."라고 하였다. 패트릭이 "견딜 만하다."고 표현한 것은 아무리

힘든 세상이라도 지혜로운 자들은 그것을 극복하고 삶을 훌륭하게 영위해 나갈 수 있다는 말임을 우리는 잘 안다.

그러면 우리 선조들은 지혜에 대하여, 또 지혜로운 삶의 방식에 대하여 어떤 가르침을 남겨 주고자 하였을까? 역시 배움에서부터 출발하라고 역설(力說)한다. ≪노학구어≫에 보면

곤 이 독 서　　서 가 익 지
困而讀書라 書可益智니라

(곤궁에 처했을 때는 책을 읽어라. 책은 지혜를 더욱 많게 해 줄 것이다.)

라고 하였다. 선인들의 지혜와 업적을 많이 배우라고 말하는 것은, 고전 속에는 오늘 우리가 사는 현실 속에서 귀감이 될 수 있는 내용은 물론이고, 실수나 잘못을 두 번 되풀이 하지 않도록 반성하고 결심하는데 참고가 될 만한 그런 내용이 너무나 많기 때문이다.

앞에서도 언급했다시피 자신의 체험을 통한 지혜의 습득이 가장 직접적이고 효과도 그만이겠지만, 고전 속에 빛나는 선인들의 고귀한 지혜들은 우리가 간접경험으로 얻을 수 있는 좋은 보약과도 같은 것이다.

지 자 견 어 미 맹
智者見於未萌이니라

(지혜로운 자는 아직 싹이 트지 않은 상태에서 알아차린다.)

위의 한문 구절은 ≪전국책≫에 나오는 말이다. 일반인들은 뭔가가 눈에 보여야 그런 사실을 믿고 또 대책을 세우게 되지만, 지혜로운 사람은 통찰력을 통해 그 "미맹(未萌)"의 상태에서도 재빠르게 무언가 기미를 알아차릴 수 있게 된다는 것이다. 그 능력은 역시 이전에 보고, 듣고, 생각했던 모든 정보와 기지들이 함께 조합되어 만들어지는 것이다. 지혜로운 자들은 너무나 평범한 가르침 속에서도 인생행로의 큰 지침을 얻을 줄 알기에, 무슨 일을 하든지 재치 있게 소기의 목적을 잘 달성하게 된다.

선인들의 지혜들은 주로 격언이나 속담 속에서 그 진수를 잘 보여주고 있다.

지혜로운 자만이 지혜롭게 행동한다

지혜를 많이 가지고 있는 것도 중요하지만, 그것을 잘 활용할 줄 모른다면 아무런 의미가 없다. 적재적소에서 그 지혜를 잘 적용하여 어려움을 극복하고 돌파구를 마련하는데 도구가 될 수 있어야 한다.

사람은 누구나 친하게 지내야 할 것 같지만, 모두 다 그래야 하는 것은 아니다. 특히 소인배 같은 사람은 너무 가깝게도 너무 멀리도 하지 않고 적절한 거리를 유지하는 지혜가 필요하다. 그래서 ≪신음어≫에서는

처 소 인 재 불 원 불 근 지 간
處小人에 在不遠不近之間이니라

(소인을 대할 때는 멀지도 가깝지도 않은 간격을 둔다.)

라고 하였다. 지혜로운 사람은 확실히 이러한 점을 잘 알고 따름으로써 뜻하지 않는 오해를 사거나 원망을 듣지 않는다. 공자도 ≪논어≫에서 소인의 사람됨을 다음과 같이 말하고 있다.

근 지 즉 불 손 원 지 즉 원
近之則不孫하고 遠之則怨이니라

(가까이하면 불손하게 굴고, 멀리하면 원망한다.)

라고 하였다.

인간관계에서 이웃만큼 중요한 관계가 또 있겠는가? 돈도 중요하지만 그에 못지않게 이웃사람도 중요하다는 사실을 선인들은 다음과 같이 강조한다.

천금매택 팔백매린
千金買宅에 八百買隣이니라

(천 금으로 집을 살 때, 팔 백 금으로 이웃을 산다.)

라고 한 이 말을 근거로 한다면, 예컨대 1억으로 집을 사려고 할 때, 8천만으로 이웃을 사라는 말이다. 한 번 걸러서 새겨야 할 말로, 그만큼 이웃이 중요하다는 말이다. 그 의미를 잘 이해하고 실천할 수 있으면 좋겠다.

▒ 물러설 줄 아는 자, 지혜로운 사람이다

나설 때 나설 줄 알고, 물러날 때 물러설 줄 아는 사람은 판단력이 아주 뛰어나고 지혜로운 사람이라 할 수 있다. 욕심 때문에 놓아주어야 할 것을 끝까지 붙들고 있다가 손해를 보는 경우도 많고, 적당히 멈춰야 할 시기를 조절하지 못하고 끝까지 추궁을 하다가 오히려 반격을 당해 낭패를 보는 경우도 허다하다. 따라서 선인들은 이런 면에서 다음과 같은 충고를 하고 있다.

견가이진 지난이퇴
見可而進이요 知難而退니라

(가능성이 보이면 나아가고, 어렵겠다는 것을 알았으면 물러선다.)

이 말은 오자(吳子)의 말이다. 이는 전쟁에서의 진퇴(進退) 전략을 설명하는 것이지만, 인간세상에서도 충분히 적용될 수 있는 중요한 지혜라 할 수 있다. 그리고

위사필궐
圍師必闕이라

(포위된 적에게는 반드시 도망갈 길을 열어 준다.)

는 말이 있는데, 이는 손자(孫子)의 말이다. 오자나 손자나 모두 뛰어난 병법의 달인들이다. 이들은 승리를 위한 많은 지혜들을 가지고 있지만, 위의 글에서 알 수 있듯이 무모한 싸움을 권하지 않고 있음을 우리는 배워야 할 것이다. 그런가 하면, ≪역경≫에서도

> 見險而能止라야 知矣哉니라
> (견험이능지 지의재)
>
> (위험을 보고 능히 멈춰 설 수 있어야만 비로소 안다고 할 수 있다.)

라고 하였다.

또한 ≪예기≫에서는 "락불가극(樂不可極)"이라 하여 "즐거움을 한계까지 누려서는 안 된다."는 점을 강조하였다.

그런가 하면 ≪인생필독≫에서는

> 旣知山有虎면 莫向虎山行이니라
> (기지산유호 막향호산행)
>
> (이미 산에 호랑이가 있는 줄을 알았으면, 호랑이가 있는 산길을 향해 가지 말라.)

라고 하였다. 위험한 곳에는 접근하지 말라는 충고다. 그러나 우리들은 세상을 살면서 이러한 점을 간과하다가 마침내는 화를 당하는 경우가 많으니, 호랑이가 있는 산에는 들어가지 않는 그런 지혜로운 사람들이 되도록 항상 깨어 있어야 할 것이다.

중국인의 처세술 중에 이런 말이 있다. "어리석은 상대에게도 어리숙한 행동으로 대응을 해 주고, 현명한 상대에게도 어리숙한 행동으로 응대를 해 줌으로써 그들의 지혜를 묶어버린다.(以愚應愚, 以愚困智)"라는 말이다. 참으로 지혜로운 사람만이 할 수 있는 방법이 아닌가? 그런데 실제로 현실 생활에서 지혜로운 사람들이 어떤 문제를 풀어가는 과정을 보면 이런 구절이 딱 들어맞는다는 생각이 들 때가 적지 않다.

유머나 지혜도 평소에 활용을 하고자 노력하는 자는 그렇지 않은 사람과 확실히 다르다. 아는 것을 자꾸 활용하고 또 응용을 하려다 보면 더 좋은 유머가

떠오르고 지혜도 생겨나게 되는 것이다.

다음은 어느 어린 학동의 지혜를 소개한 이야기다.

어느 임금이 신하에게 수탉이 낳은 계란을 구해오라 명령을 내렸다. 터무니없는 임금의 명령에 어쩌지도 못하고 고민을 하고 있는데, 손자가 좋은 방법이 있다면서 임금을 찾아갔다. 구해 오라는 계란은 안 가져 오고 어찌 손자만 왔느냐고 임금이 묻자, "할아버지는 엊저녁에 출산을 하여 몸조리 중이라서 대신 왔다."고 대답하였다. 임금은 이 이야기를 듣고 자신의 터무니없는 요구를 반성하고, 그 지혜로운 손자와 신하에게 큰 상을 내렸다는 이야기다.

지혜란 반드시 나이가 많아야 되고 또 그런 사람의 지혜가 훌륭하다고는 말할 수 없다. 나이가 많고 경험이 많으면 지혜도 많고 훌륭할 확률은 높겠지만, 반드시 그런 것은 아니다. 위의 이야기처럼 지혜는 나이와 관계없이 성별에 관계없이 누구나 찾아내고 만들어내는 사람이 고수가 되는 것이다.

생각나누기

1. 不經一事不長一智(불경일사불장일지) :

2. 書可益智(서가익지) :

3. 近之則不孫遠之則怨(근지즉불손원지즉원) :

4. 千金買宅八百買隣(천금매택팔백매린) :

5. 見險而能止(견험이능지) :

6. 樂不可極(락불가극) :

제17강 욕심(慾心)

끝없는 탐욕은 불행의 화신

≪장자≫ <추수(秋水)> 편에 이런 이야기가 나온다.

> 발이 하나밖에 없는 기(夔)라는 짐승은 발이 백 개나 달린 노래기를 부러워한다. 그러나 백 개의 발을 가진 노래기는 발이 없는 뱀을 부러워한다. 왜냐하면 뱀은 발 없이도 다닐 수 있기 때문이다. 그렇지만 뱀은 또 바람을 부러워한다. 바람은 자신을 움직이지 않아도 저절로 먼 곳까지 갈 수 있기 때문이다. 하지만 바람은 또 눈을 부러워한다. 눈은 가만히 앉아서도 먼 곳을 볼 수가 있기 때문이다. 그 눈은 또 마음을 부러워한다. 이유인 즉, 마음은 보지 않고도 저절로 깨달을 수가 있기 때문이다.

이 이야기의 원문은 다음과 같이 짧게 압축적으로 표현하고 있다.

> 夔憐蚿(기련현)하고 蚿憐蛇(현련사)하고 蛇憐風(사련풍)하고 風憐目(풍련목)하고 目憐心(목련심)이라
>
> (기는 노래기를 부러워하고, 노래기는 뱀을 부러워하며, 뱀은 바람을 부러워하고, 바람은 눈을 부러워하며, 눈은 마음을 부러워한다.)

이 이야기는 끝없는 인간의 욕심을 지적하기 위한 우화(寓話)라 할 수 있다. 확실히 우리는 자기도 모르는 순간순간에 이처럼 자신의 좋은 점은 간과한 채 남에게 있는 것들만을 부러워하면서 불평불만을 자초하며 살아가는 경우가 많다.

탐욕이란 지금 자기가 가진 것보다 훨씬 더 많은 것을 가지려고 하는 마음에서 비롯된다. 그런데 중요한 것은 탐욕에는 한계가 없다는 점이다. 필요한 만큼만

가지면 될 것을 끝없이 탐욕을 부리다가 큰 화를 당하고 후회하는 경우가 비일비재하다.

재물은 삶에서 없어서는 안 되는 중요한 요소다. 그래서 중국에서는 오늘날 "돈이 만능은 아니지만, 돈 없으면 절대 안 된다.(錢不是萬能的 沒有錢是萬萬不能的)"는 속담으로 재물의 중요성을 강조하고 있다. 그러기에 아무리 군자라 할지라도 재물의 능력을 떠나 살기는 힘든 현실이다. 따라서 기본적인 생활을 하는데 필요한 만큼은 재물을 가지고 삶의 방편으로 삼아야 한다. 그러나 이것을 어떻게 취하고 어떻게 사용하느냐가 중요하니, ≪증광현문≫에서는 이렇게 강조한다.

군 자 애 재　취 지 유 도
君子愛財나 取之有道니라

(군자도 재물을 사랑하지만, 그것을 취할 때는 도리에 맞게 한다.)

그렇다. 도리에 맞지 않게 취한 재물은 우선에는 아무런 문제가 없고 좋은 듯하지만, 결국에는 불행을 불러오기 십상이다. 부자는 대부분 사람들이 원하는 것이지만, 현실세계에서는 그 선망의 대상들이 간혹 사람들로부터 지탄을 받기도 하는데, 이런 경우에 대부분은 그 부귀를 "도리"에 맞지 않게 취한 경우이기 때문이다. 그래서 옛말에서는 이런 충고를 전한다.

비 소 응 유　불 가 은 취　궤 이 득 지　시 위 도 의
非所應有면 不可隱取라 詭而得之면 是謂盜矣니라

(마땅히 소유할 것이 아니면 몰래 취해서는 안 된다. 속여서 그것을 가지게 되면 이것은 도둑이라고 말한다.)

"도둑"의 방법이 아닌, "정도(正道)"를 통해서 많은 재물을 모은 사람들은 정당한 평가를 받아야 마땅하다. 그런데 욕심 때문에 눈이 어두워지면, 그 외의 중요한 것을 잘 보지 못하는 게 일반적인 현상이다. ≪노학구어≫에서는 욕심의 폐해를 다음과 같이 적고 있다.

欲因利熾하고 利令智昏이니라 人爲利誘에 生入鬼門이니라

(욕심은 이익 때문에 더욱 커지고 이익은 지혜로운 사람까지도 혼미하게 만든다. 사람은 이익 때문에 유혹을 당해 산 채로 귀신의 문으로 들어가게 된다.)

또 ≪명심보감≫에서는 같은 맥락에서 다음과 같은 소광(疏廣)의 말을 전하고 있다.

賢而多財則損其志하고 愚而多財則益其過니라

(어진 사람에게 재물이 많으면 그 뜻이 손상되고, 어리석은 사람에게 재물이 많으면 허물이 더해진다.)

오늘날 중국에서 자주 듣는 속담 중에 "사람은 재물 때문에 죽고, 새는 먹이 때문에 목숨을 잃는다.(人爲財死 鳥爲食亡)"라는 말이 있다. 앞에서도 언급하였듯이 살기 위한 재물인데, 살기 위해 있는 먹이인데 역으로 이것이 생명을 앗아가는 미끼가 된다는 사실이 참으로 아이러니다. 같은 맥락에서 ≪노학구어≫에서는 다음과 같이 말한다.

養人者田이요 害人者錢이라 錢之爲物이나 人皆殉焉이니라

(사람을 먹여 살리는 것은 밭이 있기 때문이고 사람을 해치는 것은 돈 때문이다. 돈이 물건으로 변하게 되지만 사람들은 모두 이것 때문에 죽는다.)

재물이란 사람이 살아가는데 필요한 도구가 되어야지, 그것이 사람을 잡아먹는 도구가 되어서는 안 될 것이다. 그런데 실제로 알고 보면 재물이 사람을 잡아먹는 것이 아니라, 경우에 따라 사람 스스로가 재물(財物)에게 "제물(祭物)"이 되는 것임을 우리는 잘 알아야 할 일이다.

분수를 아는 자, 지혜로운 사람이다

위(衛) 나라의 어느 부부가 함께 소원을 빌었단다. 아내가 빌기를, "저에게 백 필의 옷감을 내려 주세요."라고 하자, 옆에 있던 남편이 "너무 적지 않느냐?"고 물었단다. 그러자 아내는 "옷감이 더 많으면 당신이 첩을 거느릴 것 같아서요."라고 대답했단다.

이 이야기는 ≪한비자≫에서 소개하고 있는 우화(寓話)로, 이 이야기 속에는 자신의 행복을 위해 적절하게 소유할 줄 알도록 깨우침을 주기 위한 목적이 담겨있다. 어떤 사람은 재물로 재앙(災殃)을 사지만, 어떤 사람은 이것으로 복(福)을 산다고 하였다. ≪노학구어≫에 다음과 같은 말이 있다.

세중유패지재 재비무용지물 우인이지매화
世重有貝之才나 財非無用之物이라 愚人以之買禍
지자이지조복
요 智者以之造福이니라

(세상에서는 보화와 같은 재능을 중시하지만, 재물도 무용지물은 아니다. 어리석은 사람은 이것으로 재앙을 사지만, 지혜로운 사람은 이것으로 복을 만든다.)

살아있을 때 탐욕이지, 사람이 죽고 나면 아무 쓸모없는 것이 재물이다. 그래서 누군가는 수의에 호주머니가 없는 것은 아무 것도 가지고 갈 수가 없기 때문이라고 하였던가? 살아 있을 때와 죽고 난 뒤의 모습을 ≪노학구어≫에서는 이렇게 말한다.

월유월탐 불다불쾌 개관지시 일전난
越有越貪하고 不多不快나 蓋棺之時에는 一錢難
대
帶니라

(소유하면 할수록 더욱 탐이 나고 많이 가지지 못하면 즐겁지가 않지만, 관 뚜껑이 닫힐 때는 한 푼도 지니기가 어렵다.)

탐욕이 심한 사람은 재물을 사랑한 나머지 체면도 돌아보지 않는다고 하였다.

몽고제국의 대 공신 야율초재(耶律楚材)는 "하나의 이익을 추구하기보다는 해악이 되는 것 하나를 제거하는 것이 더 낫다.(興一利不如除一害)"고 하였다. 재물에 관계된 일이든, 아니면 그 외의 다른 일이든 이 말의 깊은 뜻을 잘 새겨 우리 생활에 적용을 시킬 수 있으면 좋겠다.

≪한시외전≫에 다음과 같은 이야기를 소개하고 있다.

춘추시대 말, 오(吳)나라가 멸망하기 직전 태자 우(友)가 부친인 왕 부차(夫差)에게 이렇게 간언하였다고 한다.

> 아침에 정원에 갔더니 높은 나뭇가지에 매미가 앉아서 울고 있었습니다. 그 뒤를 보니 사마귀 한 마리가 매미를 잡아먹으려고 노리고 있었습니다. 그 때 홀연 참새 한 마리가 날아와서 그 사마귀를 먹으려고 노리는데, 사마귀는 통 기미를 알아채지 못하고 있었습니다. 저는 참새를 향해 활시위를 당겼습니다. 그런데 그만 활 쏘는 데 정신이 팔려 웅덩이 속으로 빠져버렸습니다. 그래서 옷을 이렇게 적신 것입니다. 천하에는 이런 예가 부지기수입니다. 이를테면 제나라는 까닭 없이 노나라를 쳐서 그 땅을 손에 넣고 기뻐했지만, 우리 오나라에게 그 배후를 공격받고 대패했듯이 말입니다.

그러나 이런 충정의 간언을 무시했던 부차는 결국 월나라의 침입을 받아 멸망하고, 그 자신은 자결하고 말았다. 오늘날 우리가 즐겨 쓰는 "소탐대실(小貪大失)"이라는 한자성어와 연관시켜 생각해 볼 수 있는 내용이다.

다음은 중국에서 많이 사용되는 돈에 관계된 구절들이다. 세상 이치와 비교해 보면서 과연 재물에 대한 올바른 생각인지 아닌지 깊이 한 번 생각해 보는 기회로 삼으면 좋겠다.

전 능 통 신
錢能通神이니라

(돈은 능히 신과 통한다.)

견 리 망 의
見利忘義니라

(이익을 위해서는 의를 잊는다.)

전시만능교
錢是萬能膠니라

(돈은 모든 것을 붙이는 아교다.)

유리시도
唯利是圖니라

(오로지 이익만이 도모할 대상이다.)

"소인이 재물을 사랑할 때는, 체면도 돌아보지 않는다.(小人愛財 不顧體面)"고 하였다. 막말로 "체면이 밥 먹여 주는 것이 아니다."라고 하지만, 그러나 사람에게 체면이 없으면 동물과 다를 바가 없을 것이다.

생각나누기

1. 錢不是萬能的(전불시만능적) :

2. 沒有錢是萬萬不能的(몰유전시만만불능적) :

3. 愛財取之有道(애재취지유도) :

4. 非所應有不可隱取(비소응유불가은취) :

5. 詭而得之是謂盜矣(궤이득지시위도의) :

6. 欲因利熾利令智昏(욕인리치리령지혼) :

7. 人爲利誘生入鬼門(인위리유생입귀문) :

8. 賢而多財則損其志(현이다재즉손기지) :

9. 愚而多財則益其過(우이다재즉익기과) :

10. 人爲財死鳥爲食亡(인위재사조위식망) :

11. 養人者田害人者錢(양인자전해인자전) :

12. 錢之爲物人皆殉焉(전지위물인개순언) :

13. 愚人以之買禍(우인이지매화) :

14. 智者以之造福(지자이지조복) :

15. 越有越貪不多不快(월유월탐부다불쾌) :

16. 蓋棺之時一錢難帶(개관지시일전난대) :

17. 興一利不如除一害(흥일리불여제일해) :

제18강 분수(分數)

분수를 알면 삶이 즐겁다

분수란 사물을 분별하는 지혜를 말하지만, 때로는 자기 처지에 맞는 한도를 가리키기도 한다. 그렇기 때문에 자신의 분수에 맞게 살 줄 아는 사람은 어느 정도 삶의 지혜를 이미 터득한 사람이라고 할 수 있다.

사람이 분수를 모를 때 많은 문제가 야기되고 나아가서는 남으로부터 손가락질을 당하게 되기도 한다. 예컨대 힘이 약한 사람이 힘에 겨운 짐을 지려고 할 때 몸에 무리가 오게 되고, 별로 가진 것도 없는 사람이 너무 지나치게 사치를 하게 되면 패가망신하여 사람들로부터 지탄을 받게 된다는 말이다.

또 세상에서 근심이 생기는 이유는 자기가 남을 가르치는 선생처럼 처세하려고 하는 것에서 출발한다고 하였다. 아는 것이 많아도 겸손하게 자제하면서 살아가는 사람들이 많은데, 별로 아는 것도 없으면서 가르치려고 들 때, 서로에게 좋은 결과가 나올 리 만무하다. 그래서 중국 속담에서도

역미휴부중 언경막권인
力微休負重하고 言輕莫勸人이라

(힘이 약하면 무거운 짐을 지지 말고, 말이 경솔하면 다른 사람을 권면하려고 하지 말라.)

라고 하였다. 분수를 모르고 무리하게 날뛰다 보면 결국 행복과는 거리가 멀어지게 된다.

분수를 알면 자연스럽게 불평불만이 적어질 수 있다. 자신의 능력이나 한계를 망각한 채 분수에 넘치는 것을 추구하다 보면 그 끝은 불행일 수밖에 없다. 분수를 모르는 인간의 일반적인 속성을 중국 속담에서는 이렇게 표현하고 있다.

점석화위금 인심유미족
點石化爲金이라도 人心猶未足이니라

(돌을 다듬어 금으로 만들어놓고도, 사람의 마음은 그래도 만족을 하지 못한다.)

우리의 삶을 돌아다보면 적지 않게 이러한 우를 범하며 살아가고 있으니, 이러한 속성을 완전히 극복할 수는 없다할지라도 자신의 현상을 자주자주 점검해 보면서 도가 지나치지 않도록 노력해야 할 것이다.

▒ 행복의 출발은 만족에 있다

세상을 행복하게 사는 방법 중에는 여러 가지가 있을 수 있다. 오매불망 소망하던 꿈을 이루고 이로 인해 모든 생활이 윤활유 먹은 기계처럼 순조롭게 돌아갈 때 세상은 참으로 행복한 낙원일 것이다. 그러나 그것도 한 때 한 순간의 춘몽(春夢)에 지나지 않을 수 있으니, 그것은 끝없는 욕심으로 더 좋고 많은 것을 원하게 될 때 그렇게 된다. 그렇기 때문에 적당한 선에서 만족할 줄 아는 사람이 세상에서 가장 행복할 수 있는 것이다.

한 조사결과에 따르면 한국인의 행복지수는 178개 나라 중에서 102위를 차지하였단다. 행복지수가 가장 높은 나라는 호주 부근의 작은 섬나라 "바누아투"라고 한다. 경제적으로 볼 때, 우리나라는 그들보다 1인당 국민소득이 6배 이상이나 높은데도 불구하고 삶의 질은 그들에 비해 크게 낮았다는 것이다. 이들의 행복 비결은 "작은 일에도 크게 만족하고, 공동체와 가족과 타인에게 선의를 행하며, 많은 것들을 걱정하지 않고" 사는 데 있었다. 이들처럼 행복하기 위해 우리가 일부러 가난해진다는 것은 어불성설이지만 그들이 생활에서 실천하고 있는 삶의 모습을 우리가 많이 배울 수 있다면 좋겠다.

어느 글에서, "부족하여도 감사를 잉태한 자는 감사를 낳고, 풍족하여도 불평을 잉태한 자는 불평을 낳는다. 감사는 소유의 크기가 아니라 생각의 크기이고 믿음의 크기이다. 소유에 비례하는 감사는 소유에 비례한 불평을 낳고 믿음의 감사는 조건에 메이지 않아 세상을 행복하게 하고 자신을 풍요롭게 한다."는 내용을 보았다. 참으로 동감되는 말이 아닌가 싶다. 그래서 행복은 만족에 있고, 그 만족을 모르면 언제까지나 행복할 수 없게 된다는 사실을 다시 한 번 깨닫게 된다.

지 족 가 락　　무 탐 즉 우
知足可樂이요 務貪則憂니라

(만족할 줄 알면 즐거울 수 있을 것이요, 탐욕에 힘쓰면 근심하게 된다.)

지 족 자　빈 천 역 락　부 지 족 자　부 귀 역 우
知足者는 貧賤亦樂이요 不知足者는 富貴亦憂니라

(만족할 줄 아는 사람은 가난하고 천해도 즐거울 것이요, 만족할 줄 모르는 사람은 부귀를 누려도 역시 근심한다.)

지 족 상 족　종 신 불 욕　지 지 상 지　종 신 무 치
知足常足이면 終身不辱하고 知止常止면 終身無恥니라

(만족을 알아서 늘 만족스러워 하면 종신토록 욕되지 아니하고, 그칠 줄을 알아서 늘 그치면 종신토록 부끄러움이 없을 것이다.)

라고 하여 ≪명심보감≫에서는 분수에 맞는 만족이 우리 삶에서 얼마나 중요한 것인지를 잘 설명해 주고 있다. 그리고 ≪한비자≫에서는

인 불 능 자 지 어 족 이 망
人不能自止於足而亡이니라

(사람이 스스로 풍족함에 그칠 줄을 모르면 망한다.)

라고 하였고, 또 ≪노자≫에서는

지족불욕 지지불태
知足不辱이요 知止不殆니라

(족함을 알면 모욕을 받지 않고, 멈춤을 알면 위험하지 않다.)

라고 하였으며, ≪장자≫에서는

초료소어심림 불과일지
鷦鷯巢於深林이나 不過一枝니라

(굴뚝새가 깊은 숲 속에 둥지를 틀 때도 가지 하나면 충분하다.)

라고 하였다.

"사람은 백 년을 사는 사람도 없는데, 부질없이 천 년의 계획을 세운다.(人無百歲人 枉作千年計)"고 ≪명심보감≫에서 따끔한 지적을 하고 있으니, 너무 헛된 욕심을 경계하라는 충고임에 틀림없다. 노자(老子)는 "족한 줄을 알면 욕을 당하지 않는다.(知足不辱)"고 하였다. 확실히, 욕심이 많으면 만족할 줄을 모르게 되고, 만족을 모르면 불만을 가지게 되며, 그 불만은 자주 화로 바뀌어 생활은 결코 행복할 수가 없게 된다. 그래서 ≪근사록≫에서도 다음과 같이 말하고 있다.

징분 여구화 질욕 여방수
懲忿을 如救火하고 窒慾을 如防水하라.

(분을 징계하기를 불을 끄듯이 하고, 욕심 막기를 물을 막듯이 하라.)

사람의 욕심과 욕망 중에는 재물과 명성이 그 으뜸이다. 이 명성 역시도 자신의 분수를 알고 어느 정도에서 만족할 줄 알아야 불행을 초래하지 않는다. 그래서 ≪경행록≫에서는 다음과 같이 강조를 하고 있다.

보생자 과욕 보신자 피명 무욕 이
保生者는 寡慾하고 保身者는 避名이니 無慾은 易

나 無名(무명)은 難(난)이니라

(삶을 보전하려는 자는 욕심을 적게 하고 몸을 보전하려는 자는 명예를 피할 것이니, 욕심을 없애기는 쉬우나 명예를 바라지 않기는 어렵다.)

지나친 욕심과 명성을 경계하라는 가르침이다. 이름 때문에, 명성 때문에 분수를 망각하면 되돌아올 수 없는 후회의 막다른 골목으로 치닫게 되어 있다.

과도한 욕심, 목숨까지 넘본다

사람이 만족하며 살되, 순간적이고 말초적인 만족을 위해 살아서는 안 될 것이다. 순간의 만족은 순간의 즐거움이 될 뿐 우리 인생의 전체적인 행복과는 거리가 멀다. ≪천자문≫에서 "수진지만(守眞志滿)"이라고 하였다. "참됨을 지키면 그 뜻이 가득 차게 된다."는 말이다. 참된 이치를 따라서 이것을 잘 지키면 자연스럽게 마음이 기쁨으로 충만하게 된다는 가르침이다. 그리고 이어서 "축물의이(逐物意移)"라 하였는데, "재물을 좇으면 뜻이 옮겨진다."는 말이다. 이는 너무 물욕이 강하면 선한 마음도 변하게 된다는 가르침이다. "수진(守眞)" 가운데서 만족을 느낄 수 있는 사람이 되자는 말이다.

다음은 ≪노학구어≫에서 소개하고 있는 분수에 관련된 가르침들이다.

出之自我(출지자아)는 一滴不漏(일적불루)나 取之於人(취지어인)은 惟嫌不够(유혐불구)니라

(자기에게서 나가는 것은 한 방울도 새어 나가지 않도록 하면서, 다른 사람에게서 취하는 것은 오로지 많지 않다고 불평한다.)

非所應有(비소응유)는 不可强索(불가강색)라 人旣不願(인기불원)이 我亦何樂(아역하락)이리오

(마땅히 소유할 것이 아니면 억지로 요구해서는 안 된다. 다른 사람이 원치 않는 것이 나에게 어찌 즐거움이 되겠는가?)

도두착밀 주중치짐 심기감지 가어가음

刀頭着蜜이요 酒中置鴆이나 心旣甘之면 可飫可飮이니라

(칼끝에는 꿀이 묻어있고, 술 속에는 짐새의 독이 섞여있지만, 마음으로 그것이 달콤하다고 생각되면 실컷 먹을 수도 있고 마실 수도 있다.)

그리고 ≪인생필독≫에서는

구재한부다 재다해사인

求財恨不多나 財多害死人이니라

(재물을 구할 때는 재물이 많지 않아 원망스럽지만, 재물이 많아지면 사람을 해쳐 죽인다.)

라고 하였다. 역시 분수에 맞지 않는 욕심을 부리다가 마침내는 목숨까지 잃게 된다는 것을 말해주고 있다.

마지막으로 ≪도덕경≫의 말을 통해 분수에 대한 지혜를 배울 수 있으면 좋겠다.

죄막대어가욕 화막대어불지족 구막대어욕득 고지족지족 상족의

罪莫大於可欲이요 禍莫大於不知足이며 咎莫大於欲得이라 故知足之足은 常足矣니라

(죄는 욕심보다 더 큰 것이 없고, 불행은 만족할 줄 모르는 것보다 더 큰 것이 없으며, 허물은 허욕보다도 더 큰 것이 없다. 그러므로 만족할 줄 아는 만족은 항상 넉넉한 것이다.)

"본말전도(本末顚倒)"라는 말이 있다. 일의 근본은 잊고 사소한 부분에만 사로잡혀 있을 때 주로 많이 활용되는 한자성어다. 분수를 지키며 살아야 할 우리들이 본말이 전도됨으로써 불행을 자초하는 우를 범하지 않도록 항상 노력할 일이다.

생각나누기

1. 力微休負重(역미휴부중) :
2. 言輕莫勸人(언경막권인) :
3. 知足可樂務貪則憂(지족가락무탐즉우) :
4. 知足者貧賤亦樂(지족자빈천역락) :
5. 不知足者富貴亦憂(불지족자부귀역우) :
6. 知足常足終身不辱(지족상족종신불욕) :
7. 知止常止終身無恥(지지상지종신무치) :
8. 人不能自止於足而亡(인불능자지어족이망) :
9. 知足不辱知止不殆(지족불욕지지불태) :
10. 人無百歲人枉作千年計(인무백세인왕작천년계) :
11. 懲忿如救火(징분여구화) :
12. 窒慾如防水(질욕여방수) :
13. 保生者寡慾(보생자과욕) :
14. 保身者避名(보신자피명) :
15. 無慾易無名難(무욕이무명난) :
16. 逐物意移(축물의이) :
17. 罪莫大於可欲(죄막대어가욕) :
18. 禍莫大於不知足(화막대어불지족) :
19. 咎莫大於欲得(구막대어욕득) :
20. 知足之足常足矣(지족지족상족의) :

제19강 용기(勇氣)

▩ 용기 있는 행동, 신중함에서 나와야

용기 있는 사람은 의로운 일을 좋아하기 때문에 세상의 비뚤어진 현상이나 옳지 않은 사람을 보면 그냥 가만히 못 참는다. 이러한 용기는 자신의 이익을 위해서라기보다는 사회의 정의, 즉 절대적인 선을 위하여 평상심 속에서 이성적으로 행하게 되는 행동이다. 따라서 진정한 용기는 분별없이 함부로 날뛰는 만용(蠻勇)과는 차원이 다르다. 즉, 만용은 주로 자신의 용맹을 과시하거나 혹은 자신의 이익을 위해서 일시적이고 충동적인 감정으로 일에 대처하기 때문에 과정은 물론이고, 결과 역시도 좋은 열매를 맺기가 어렵다.

용기에는 반드시 담력이 필요하다. 이성적으로 아무리 옳은 일이라 하더라도 담력이 없이는 씩씩하고 굳센 기운이 결코 행동으로 표현될 수가 없기 때문이다. 이런 용기는 마치 갑 속에 든 칼과 같은 것이다. 먼저 용기와 만용을 구별할 줄 알아야 하고, 용기가 필요하다고 판단되었을 때는 지혜롭게 대처하는 신중함도 가져야 한다. 이런 점에서 ≪명심보감≫이 소개하고 있는 손사막(孫思邈)의 말은 우리에게 큰 가르침을 준다.

담 욕 대 이 심 욕 소 지 욕 원 이 행 욕 방

膽欲大而心欲小하고 知欲圓而行欲方이니라

(담력은 크게 하고자 하되 마음가짐은 섬세하고자 하고, 지혜는 원만하고자 하되 행동은 방정하고자 하라.)

살다보면 다른 사람들의 말을 많이 듣게 되고, 때로는 그들의 말에 근거하여 용기를 발휘하기도 하는데, 이런 경우에는 참으로 신중해야 한다. 어느 한쪽에 치우쳐서 경솔하게 발휘한 용기는 오히려 참견하지 않은 것보다 못할 수도 있기 때문이다. 그래서 공자는 이렇게 강조한다. 다음은 ≪명심보감≫에 나오는 말이다.

중　　호 지　　　　　필 찰 언　　　　중　　　오 지　　　　　필 찰 언
衆이 好之라도 必察焉하며 衆이 惡之라도 必察焉이니라

(여러 사람이 좋아하더라도 반드시 살펴야 하며, 여러 사람이 미워하더라도 반드시 살펴야 한다.)

필요할 때는 과감한 용기가 필요한 것이지만, 항상 신중함을 전제로 하고 과감함을 보일 수 있어야 실수가 적고 만용에서 벗어날 수가 있다.

상 덕 고 지　　　연 락 중 응
常德固持하고 然諾重應하라

(떳떳한 덕을 굳게 지키고, 승낙을 할 때에는 신중히 대답하라.)

≪사자소학≫에 나오는 위의 이 말도 앞에서 이야기한 바와 동일한 맥락에서 이해하면 좋을 것이다.

세상에는 착한 성품을 가지고는 있으나 우유부단하여 큰일을 감당해내지 못하는 사람들이 의외로 많은 것 같다. 이런 사람들은 보통 삶의 난관에 봉착하면 그것을 극복해 내야 한다는 사실은 잘 알면서도 용기가 부족하여 과감하게 결단을 내리지 못하고 있다가 좋은 기회를 놓치고 마는 경우가 흔히 있다. 반면에 용기 있는 사람들은 이와 같은 소극적이고 유약한 태도를 버리고 아주 강단이 있게 처리를 함으로써 모든 문제들을 원만하게 잘 극복해 간다. 뿐만 아니라 이런 사람들은 멀리 내다볼 수 있는 통찰력까지도 가지게 되니 일석이조라 아니할 수 없다.

자기 반성에, 과감한 용기를

진정한 용기는 도덕적으로 인격적으로 성숙한 사람에게서 더욱 빛이 나게 되어 있다. 이성과 양심에 따라 옳다고 판단되어 행한 과감한 용기는 대단한 가치와 영향력을 가지게 된다. 따라서 지도자적 위치에 있는 사람에게 특별히 요구되는 것은 바로 이런 성숙한 용기라 할 수 있다. 올바른 생각과 확고한 믿음을 가진 사람은 평소에 헛된 말이나 행동을 하지 않으며, 그러기에 더욱 그런 사람이 보여주는 과단성 있는 용기는 모든 사람들에게 믿음을 주고 그에게 의지하고 싶은 생각이 들게 한다.

≪명심보감≫에서는

濫想(남상)은 徒傷神(도상신)이요 妄動(망동)은 反致禍(반치화)니라

(지나친 생각은 오직 정신을 상할 뿐이요, 허망한 행동은 도리어 재앙을 부른다.)

라고 하였는데, 진정한 용기를 선망하는 사람이라면 이런 지적에 주목해야 할 것이다.

용기가 없는 사람에게는 좋은 일이 생기기 어렵다. 그를 향해 달려오던 행운도 방향을 틀어 다른 곳으로 가버리기 십상이다. 인생을 살다보면 예상치 못한 엄청난 불행을 당하기도 하고, 생각지도 않던 좌절로 땅바닥에 주저앉아 삶의 의욕을 상실하기도 한다. 이때 가장 중요한 것은 밖으로 발로시켰던 용기를 자기 자신에게로 돌려 자신의 현실을 타개할 수 있는 과감한 용기를 낼 줄 알아야 한다.

용기를 통해 실망을 딛고 꿋꿋한 의지로 난관을 극복해 간다면 아무리 어려운 순간도 아름다운 추억으로 남을 수 있고, 그 과정을 통해 아름답고 탐스런 열매를 거둘 수가 있게 될 것이다.

사람에게 귀한 것은 실수를 통해서 부족한 점을 통해서 반복되는 우를 범하지 않으려고 노력할 때 그 노력이 빛난다. 실수를 하는 것은 용서가 되지만, 반복되는 악습은 사람들을 감동시킬 수가 없어 늘 타인에게 지탄의 대상이 되니 이런

점을 명심해야 할 것이다. ≪천자문≫에서는

> 지 과 필 개 득 능 막 망
> 知過必改하고 得能莫忘하라
>
> (잘못인 줄을 알았으면 반드시 고쳐야 하고, 어떤 능력을 얻었으면 잊지 않도록 해야 한다.)

라고 하였다. 3,000명이나 되는 공자의 제자 중에 안회(顔回)라는 자가 있었는데, 그는 한 번 잘못한 것은 두 번 다시 반복되지 않도록 노력했다고 한다. 그래서 공자는 안회가 죽고 난 뒤에 더 이상 글을 좋아하는 사람이 있다는 소리를 듣지 못했다고 하였다. 여기서 글을 좋아한다는 말은 글 속의 참뜻을 실천할 줄 아는 것을 말한다. 아는 것도 중요하지만, 그보다 용기를 가지고 실천하는 것이 더욱 중요하다는 것을 강조한 것이다.

한자성어 중에 "필부지용(匹夫之勇)"이라는 말이 있다. "깊이 생각해 보지도 않고 혈기만 믿고 함부로 부리는 소인의 용기"라는 뜻이다. 이 말은 ≪맹자≫의 <양혜왕(梁惠王)> 하편(下篇)에 그 출전을 두고 있다.

진정 필요한 용기는 군자다운 용기

제(齊)나라 선왕(宣王)이 맹자에게 이웃나라와 어떤 방법으로 사귀는 것이 좋겠느냐고 묻자, 그는 다음과 같이 이야기하였다.

> 큰 나라로서 작은 나라를 섬기는 것은 하늘의 도를 즐기는 것이요, 작은 나라로서 큰 나라를 섬기는 것은 하늘의 도를 두려워하는 것이니, 하늘의 도를 즐기는 사람은 천하를 편안하게 하고, 하늘의 도를 두려워하는 사람은 자기 나라를 편안하게 합니다. ≪시경≫에서도 말하기를, "하늘의 위엄을 두려워하여 길이길이 나라를 편안하게 하도다."라고 하였습니다.

맹자의 이런 대답에 선왕은 참으로 좋은 말이라고 높이 평가한 다음, 자신에게

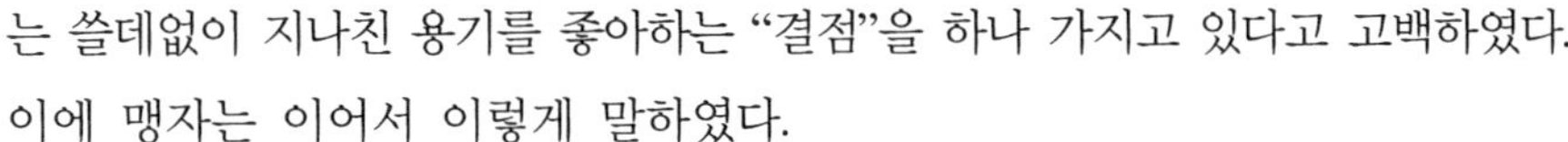

는 쓸데없이 지나친 용기를 좋아하는 "결점"을 하나 가지고 있다고 고백하였다. 이에 맹자는 이어서 이렇게 말하였다.

> 王은 請無好小勇하소서 夫撫劍疾視하야 曰 彼惡敢當我哉아하면 此는 匹夫之勇이오 敵一人者也니 王은 請大之하소서
>
> (왕께서는 작은 용기를 좋아함이 없도록 하소서. 칼자루를 어루만지면서 흘겨보며 말하기를, "저 자가 어찌 감히 나를 당해내랴"하면, 이는 필부의 용기입니다. 이는 곧 한 사람을 대적함이니, 왕께서는 용기를 크게 부리소서.)

라고 하였다. ≪맹자≫ 주석(註釋)에서는 소용(小勇)과 대용(大勇)을 구별하여 밝히기를,

> 小勇은 血氣所爲요 大勇은 義理所發이니라
>
> (소용은 혈기가 하는 것이요, 대용은 의리에서 나오는 것이다.)

라고 하였다. 다시 말해 "소용(小勇)"은 무턱대고 나아가 맞서 싸울 줄이나 아는 용기를 말하고, "대용(大勇)"은 아무런 마음의 동요 없이 이치를 다스릴 줄 아는 용기를 말한다.

이 "대용"에 대해서는 ≪장자≫에서도 언급을 하고 있다. 즉 "대용불기(大勇不忮)"라 하였다. 이 말은 곧 "참된 용기가 있는 사람은 함부로 사람을 해치거나 물건을 손상하지 않는다."는 말이다. 여기서 우리는 맹자나 장자가 말하는 진정한 용기의 개념을 충분히 알 수가 있다.

그리고 또 한자성어 중에 "함지사지(陷之死地)"란 말이 있다. 이는 ≪손자병법≫에 나오는 말로 "죽을 땅에 빠진" 최후 궁지를 나타내는 말인데, 출처의 원문은 다음과 같다.

함 지 사 지 이 후 생 　 치 지 망 지 이 존
陷之死地而後生하고 置之亡地而存이니라

(죽을 땅에 빠지고 난 뒤에 살아나고, 망할 땅에 놓인 뒤에 살아남게 된다.)

이 말은 이순신 장군이 좌우명처럼 항상 즐겨 썼던 다음 구절과 거의 같은 뜻이라 할 수 있다.

생 즉 사 　 사 즉 생
生卽死하고 死卽生이니라

(살고자 하면 죽고, 죽고자 하면 산다.)

이처럼 사람이 살아가는 데는 무엇보다 용기가 필요하지만, 이 용기는 곧 앞에서 맹자와 장자가 말한 바와 같이 "대용(大勇)"이 되어야 한다는 점을 잊어서는 안 될 것이다.

생각나누기

1. 膽欲大而心欲小(담욕대이심욕소) :

2. 知欲圓而行欲方(지욕원이행욕방) :

3. 衆好之必察焉(중호지필찰언) :

4. 衆惡之必察焉(중오지필찰언) :

5. 常德固持然諾重應(상덕고지연낙중응) :

6. 濫想徒傷神(남상도상신) :

7. 妄動反致禍(망동반치화) :

8. 知過必改(지과필개) :

9. 得能莫忘(득능막망) :

10. 大勇不忮(대용불기) :

11. 陷之死地而後生(함지사지이후생) :

12. 置之亡地而存(치지망지이존) :

13. 生卽死死卽生(생즉사사즉생) :

제20강 불평(不平)

불평은 불행의 씨앗이다

불평은 자신이 바라던 일이나 기대가 뜻대로 이루어지지 않았을 때 생기는 마음의 표현이다. 성인군자도 불평 없이 살기란 어려운 세상이기에, 평범한 우리들의 삶 속에서 자주 접할 수 있는 이 불평은 너무나 자연스러운 일상의 한 요소가 아닐 수 없다.

그러나 사람마다 정도의 차이가 있으니, 그 정도의 차이가 곧 사람들의 행과 불행을 결정지어 주는 큰 역할을 한다. 예컨대 불평이 많은 사람치고 행복한 사람 많지 않고, 불평이 적은 사람치고 불행한 사람이 많지 않다는 얘기다. 그러나 그 정도에 대한 기준치는 적절한 객관성을 가지고 있지 않기 때문에, 어떤 동일한 현상과 특정 현실에 대해서도 사람들의 반응은 각각 다를 수밖에 없다. 즉 어떤 현상을 사람들이 어떻게 받아들이고 해석하느냐에 따라서 불평의 정도가 달라진다는 것이다. 그러니 다소 불만스런 일이 있다 하더라도 최대한 여유를 가지고 너그러운 마음으로 그것을 수용하려는 의지를 실천할 수만 있다면 불평은 자연스럽게 사라지게 될 것이고, 나아가 행복의 경지로 들어설 수가 있게 되는 것이다. 여기서는 인간관계 속에서 생기게 되는 불평에 대해서 살펴보도록 한다.

사람 간에 발생되는 불평은 "나를 향한 다른 사람들의 불만"과 "다른 사람을 향한 나의 불만"으로 생각해 볼 수 있는데, 그 중에서도 "말"과 "행동"을 중심으로 한 번 살펴보자.

어느 한 쪽에게 불평불만이 있거나 미움이 생겼을 때는 그럴만한 이유가 있기 때문이다. 물론 오해에서 나올 수도 있지만, 어쨌든 이런 경우에는 먼저 미움을 당하는 쪽에서 자신의 말과 행동을 뒤돌아보고 무엇이 문제인지를 생각해 봐야만 한다. 이런 점에서 ≪노학구어≫에서는 다음과 같이 가르침을 주고 있다.

說我不是(설아불시)하고 道我不好(도아불호)하면 虛心領受(허심령수)하여 反而自考(반이자고)하라

(나를 보고 틀렸다고 말하거나 좋지 않다고 말을 하면, 마음을 비우고 받아들인 후 돌이켜보고 스스로 생각을 해 보라.)

정확한 사실이 아닌 것에 대하여 어떤 편견을 가지고 접근을 하면, 두 사람 간에는 걷잡을 수 없을 만큼의 큰 오해가 생기게 되고, 그러다보면 자연스럽게 비방을 하게 되며, 더 나아가서는 용서할 수 없는 원수처럼 생각되어 더 이상 가까워질 수가 없게 되는 경우가 허다하다. 그래서 옛날 선조들은 틈만 나면 입과 말을 조심하라고 수도 없이 강조해 왔던 것이다. 다음 구절 역시 ≪노학구어≫에 나오는 말이다.

無中生有(무중생유)하고 胡說難道(호설난도)하여 嚼舌而死(작설이사)면 眼前現報(안전현보)니라

(없는 것을 있다고 만들어내고 허튼소리에 터무니없는 소리를 하면서 입으로 사람을 죽이면 당장에 응보로 나타난다.)

터무니없는 말로 사람을 죽인다는 말이 거짓말이 아니다. 실제로 역사에는 말을 잘못해서 애매하게 사람을 죽인 예가 한 둘이 아니다.

불평과 불만, 계속되면 고질적인 습관이 된다

고사성어 중에 "삼인성시호(三人成市虎)"라는 말이 있다. "세 사람이 시장에 호랑이가 나타났다고 하면 믿게 된다."는 말이다.

어떤 사람이 왕에게 와서 시장에 호랑이가 나타났다고 하면 왕은 믿지 않을 것이요, 두 번째 사람이 와서 또 시장에 호랑이가 나타났다고 해도 왕은 믿지 않을 것이지만, 세 번째 사람이 또 와서 똑같은 말을 하게 되면 왕은 믿게 될 것이라는 논리다. "시장에는 분명히 호랑이는 없는데, 세 사람이 연이어 똑같은 말을 하면 호랑이가 나타난 것이 된다.(夫市之無虎明矣 然而三人言而成虎)"는 이 이야기는 ≪한비자≫와 ≪전국책≫에 소개되고 있는 내용이다. "근거 없는 말이라도 여러 사람이 그렇다고 떠들면 마치 그것이 사실인양 믿게 된다."는 상황을 비유할 때 주로 이 고사성어가 많이 활용된다.

어쨌든 고의로 남을 곤경에 처하게 하거나, 어떤 비방으로 다른 사람에게 피해를 주었을 때, 그런 사람은 분명히 어떠한 형식으로든 그에 상당한 응징을 받게 되는 것이 하늘의 이치일 것이다. 그렇기 때문에 남을 해치면 그것은 곧 자신에게로 돌아오게 된다. 이런 점에서 ≪사자소학≫에서도 이렇게 지적하고 있다.

손인리기　종시자해　화복무문　유인소소

損人利己면 終是自害니라 禍福無門하야 惟人所召니라

(남을 손해 보게 하고 자신을 이롭게 하면 마침내 자신을 해치는 것이다. 재앙과 복은 특정한 문이 없어 오직 사람이 불러들이는 것이다.)

비슷한 맥락으로 ≪중용≫에서는 누구에게나 쓸데없이 원망을 하거나 비방하는 일을 삼갈 것을 강조하고 있다.

상불원천　하불우인

上不怨天하고 下不尤人이니라

(위로는 하늘을 원망하지 말고, 아래로는 사람을 비난하지 말라.)

누군가를 원망하고 비방하는 일도 한 번 두 번 하다 보면 습관이 되고, 그것이 습관이 되면 자기도 모르는 사이에 불행의 중심에 서 있게 된다.

사람은 자기 위주로 생각하고 자기 편한 대로 주장하는 것이 일반적인 현상이다. 비방도 불평도 그렇게 시작된다. 내가 누군가를 비방하거나 불평하는 일은 어느 정도 자제할 수 있다고 하더라도, 남이 나에게 부당하게 화를 내거나 비방하는 것은 어찌할 방도가 없다. 이럴 경우 그와 똑같은 사람이 되어 그렇지 않음을 주장하면서 충돌을 일으킬 수도 있겠지만, 그 역시 바람직한 방법은 못 된다. 이럴 때 ≪명심보감≫에서는 이렇게 지혜를 전한다.

愚濁生嗔怒(우탁생진노)는 皆因理不通(개인리불통)이라 休添心上火(휴첨심상화)하고 只作耳邊風(지작이변풍)하라 長短(장단)은 家家有(가가유)요 炎涼(염량)은 處處同(처처동)이라 是非無實相(시비무실상)하여 究竟摠成空(구경총성공)이니라

(어리석고 탁한 자가 성을 내는 것은 모두 이치를 알지 못하기 때문이다. 마음 위에 화를 더하지 말고, 오직 귓전을 스치는 바람으로 여겨라. 장점과 단점은 집집마다 있는 것이고 따뜻하고 싸늘한 것은 곳곳마다 동일하다. 옳고 그름이란 본래 실상이 없어서 마침내는 모두가 다 헛된 것이 된다.)

오늘을 사는 우리에겐 복장 터지는 소리처럼 들린다. 그러나 복장 한 번 터질 생각하고 윗글처럼 남이 나에게 화를 내더라도, 혹은 비방이나 불평불만을 하더라도 "귓전을 스치는 바람"처럼 여기면서, 맞대응을 자제하다 보면 분명 결과는 좋게 끝날 수 있게 될 것이다. 물론 이는 내가 아무런 잘못이 없을 때 하는 이야기며, 만약에 내가 그럴만한 원인을 제공하였다면 이때는 당연히 잘못을 반성하고 그에 대한 용서를 비는 것이 마땅한 일이다.

남들의 나에 대한 불만, 이렇게 대처하라

불평과 불만에서 남을 비방하는 행동이 나오게 된다. 남들이 나에게 불만을 표현하는 것을 넘어서서 부당하게 대하고 평가할 때는 어떻게 해야 할 것인가?

≪명심보감≫에서는 다음과 같이 상황에 따른 대응 방법을 제시하고 있는데, 우리의 삶에 적용할 수 있다면 참으로 좋을 것이다.

첫째는, 사람들 중에 나를 헐뜯고 비방하는 자가 있을 때의 대응 방법이다.

필 반 이 자 생　약 아 실 유 가 훼 지 행　즉 자 책 내
必反而自省하여 若我實有可毁之行이면 則自責內
송　불 탄 개 과
訟하여 不憚改過하라.

(반드시 반성을 하고 스스로 살펴보아, 만일 나에게 실제로 헐뜯음을 당할 만한 행실이 있었다면, 스스로 꾸짖고 안으로 따져서 잘못을 고치기를 꺼리지 말라.)

둘째는, 내가 한 잘못이 아주 미미한데도 다른 사람들이 더 과장해서 말할 때의 대응 방법이다.

피 언 수 과　이 아 실 유 수 방 지 묘 맥　역 당 잔 서 전
彼言雖過나 而我實有受謗之苗脈하니 亦當剗鋤前
건　불 류 호 말
愆하여 不留毫末하라.

(다른 사람의 말이 비록 지나치지만, 나에게 실제로 비방을 당할 만한 싹과 맥이 있는 것이니, 또한 마땅히 이전의 잘못을 제거하여 털끝만큼도 남겨 두지 말라.)

셋째는, 만약에 사람들이 나에게 본래 허물이 없는데도 거짓말을 날조했을 경우에 대한 대응이다.

차 불 과 망 인 이 이　여 망 인　하 족 계 교 허 실 재
此不過妄人而已니 與妄人으로 何足計較虛實哉리
오

(이는 망령된 사람에 지나지 않을 뿐이니, 망령된 사람과 더불어 어찌 거짓과 진실을 따질 것이 있겠는가?)

그리고 다른 사람의 그 헛된 비방은

여풍지과이 운지과공 어아 하여재
如風之過耳요 雲之過空하니 於我에 何與哉아

(바람이 귓가를 스쳐 지나가고, 구름이 허공을 지나는 것과 같으니, 나에게 무슨 상관이 있겠는가?)

라고 하였다. 그리고

훼방지래 유즉개지 무즉가면 막비유
毁謗之來에 有則改之하고 無則加勉하여 莫非有

익어아야
益於我也리라

(훼방함이 도래했을 때는 허물이 있으면 고치고, 없으면 더욱 노력하게 되어 나에게 유익하지 않음이 없을 것이다.)

라고 하였다. 이는 어떠한 경우라 할지라도 자신의 도량을 더욱 넓히는 기회로 삼아 자신에게 유익이 되도록 하라는 권면이다. 구차하게 변명을 하거나 비방하는 사람과 똑같이 대응을 하면 어떤 결과가 생기게 될까? ≪명심보감≫이 들려주는 이야기는 다음과 같다.

약문과자변 효효연불치 필욕치신어무과
若聞過自辨하여 嘵嘵然不置하여 必欲置身於無過

지지 즉기과유심이취방익중의
之地면 則其過愈甚而取謗益重矣리라

(만약에 허물을 들으면 스스로 변명하여 시끄럽게 떠들면서 그대로 버려두지 아니하여, 반드시 자신을 잘못이 없는 처지에 놓으려고 한다면, 그 허물이 더욱 깊어져 훼방을 받음이 더욱 무거워질 것이다.)

옛날에 어떤 사람이 문중자(文中子)에게 남이 훼방하는 것을 그치도록 하려면 어떤 방법이 있느냐고 묻자, 그는 "막여자수(莫如自修)"라고 말하였단다. 즉 "스스로 행실을 닦는 것만 못하다."는 말이다. 다시 좀 더 구체적으로 말해달라고 하였더니 문중자는 "무변(無辨)"이라고 간단하게 대답하였으니, 즉 "변명하지 말라."는 말이었다.

역시 ≪명심보감≫에는 이런 말이 있다.

불 한 자 가 급 승 단　　지 한 타 가 고 정 심
不恨自家汲繩短하고 只恨他家苦井深이로다

(자기 집 두레박 끈이 짧은 것은 탓하지 않고, 단지 남의 집 우물 깊은 것만 탓한다.)

누구나 완벽한 사람은 없다. 자기 자신은 돌아보지 않고, 모든 문제를 남에게서 찾으려는 자세는 자신의 행복에 덫을 놓는 것이나 다름없는 일이다.

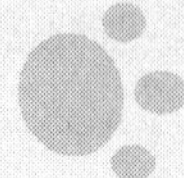

생각나누기

1. 說我不是道我不好(설아불시도아불호) :

2. 虛心領受反而自考(허심령수반이자고) :

3. 嚼舌而死(작설이사) :

4. 三人成市虎(삼인성시호) :

5. 損人利己終是自害(손인리기종시자해) :

6. 禍福無門惟人所召(화복무문유인소소) :

7. 不怨天不尤人(불원천불우인) :

8. 休添心上火只作耳邊風(휴첨심상화지작이변풍) :

9. 長短家家有(장단가가유) :

10. 炎涼處處同(염량처처동) :

11. 是非無實相(시비무실상) :

12. 不憚改過(불탄개과) :

13. 不恨自家汲繩短只恨他家苦井深

(불한자가급승단지한타가고정심) :

제21강 사도(師道)

세상에 가장 어려운 일이 사람 만드는 일

세상에 어렵지 않은 일이 뭐가 있고, 어렵지 않은 역할이 어디 있겠는가? 똑같은 일이라 할지라도 사람들의 상황에 따라 정도에 따라 그 일이 쉬울 수도 있지만 어렵게 생각되는 경우가 더 많은 듯하다.

사람의 역할 역시 마찬가지다. 여러 역할들 중에서도 부모와 스승의 역할이 가장 힘든 게 아닌가 생각된다. 왜냐하면 이 두 역할은 한 생명, 한 인간을 기르고 교육시켜 그들의 장래를 결정지어 주는 데 큰 역할을 해야 하는 막중한 임무를 맡은 사람들이기 때문이다. 그런 공통적인 역할 때문에 부모도 스승이 되어야 하고, 스승도 부모와 같이 학생의 성장과 발전에 정성을 쏟게 되는 것이다. 그래서 옛날에는 군사부일체(君師父一體)라 하여 임금과 스승과 부모의 은혜를 꼭 같이 생각하였다.

가정에서는 부모가 자녀들이 올바르게 성장해 갈 수 있도록 그 인생의 멘토가 되어 주어야 하고, 가정 바깥인 학교에서는 스승이 그 학생들로 하여금 훌륭한 사람으로 성장해 갈 수 있도록 참다운 지도자가 되어 주어야 한다.

≪천자문≫에서는 "외수부훈 입봉모의(外受傅訓, 入奉母儀)"라 하여, 밖에 나가서는 스승의 가르침을 받고, 집에 들어와서는 어머니의 거동을 받들어 배울 것을 강조하였다. 부모 없이 어떻게 태어나고 성장할 수 있으며, 스승 없이 어떻게 학문을 배우고 전진할 수 있겠는가? 그런 만큼 자녀의 입장, 제자의 입장에 있는 사람이라면 그 은혜를 잠시라도 잊어서는 아니 될 것이요, 부모의 입장, 스승의 입장에 있는 사람이라면 그 중요한 역할에 조금이라도 부족함이 없도록 항상 깨어 있어야 할 것이다.

서산대사가 지었다고 전해지는 시 중에, 김구 선생이 좌우명처럼 즐겼다고 하던 시가 한 수 있으니, 그 내용을 보면 다음과 같다.

답설야중거　부수호란행　금일아행적　수
踏雪野中去에 不須胡亂行이라 今日我行跡이 遂
작후인정
作後人程이니라

(눈 덮인 벌판을 걸을 때라도, 함부로 어지럽게 걷지 마라. 오늘 내가 지나간 발자국이, 마침내는 뒤따라오는 사람에게 이정표가 되기 때문이다.)

여행을 다녀본 사람, 운전을 많이 해 본 사람들은 이정표 하나가 얼마나 중요하며, 잘못된 이정표 하나가 얼마나 많은 사람들에게 고통을 주고 중요한 시간과 정력을 낭비하게 만드는지를 잘 안다.

그렇다면 가장 중요한 우리 인간들에게 성공적인 삶을 살 수 있도록 올바른 방향을 제시해주는 이정표를 만들어주어야 하는 부모와 스승의 역할이란 너무나 중요하여 어떻게 표현할 방법이 없을 정도다. 그런 면에서 "영향을 미칠" 위치에 있는 사람은 항상 모범이 되어야 한다는 점에서 부담과 어려움을 가지게 된다. 우리 속담에 윗물이 맑아야 아랫물이 맑다는 말이 있다. 순자(荀子)도 비슷한 말을 하였다.

원청즉류청　원탁즉류탁
原淸則流淸이요 原濁則流濁이라

(윗물이 맑으면 맑은 물이 흐르고, 윗물이 탁하면 탁한 물이 흐른다.)

너무도 당연한 이치다. 반드시 절대적이라 할 수는 없겠지만, 훌륭하지 못한 부모와 스승 밑에서 훌륭한 인물로 성장할 수 있는 확률이 낮을 수밖에 없는 것은 자명한 사실이다.

같은 맥락에서 우리말에 "왕대밭에 왕대난다."는 속담이 있다. 이 말은 어버이와 아주 딴판인 자식은 있을 수 없다는 말이지만, 모든 일이란 그 원인에 따라 그에 알맞은 결과가 생긴다는 점을 강조할 때 많이 활용되고 있다. 또 비슷한 속담이 하나 더 있다. "명장 밑에 약졸 없다."는 말이다. 이 말은 강한 장수에게는 내버릴 병사가 없다는 말로, 사람은 누구나 잘 이끌어주면 훌륭해질 수 있다는 비유다.

그런데 부모나 스승의 가르침과 리더십은 위엄이나 위력 따위로 압박을 가하거나 정신적으로 억눌러 자신이 의도하는 바를 실현시키려는 위압식이 되어서는 곤란하다는 것을 우리는 잘 안다. 따라서 명령이나 주입식 교육보다는 믿음과 사랑을 확인할 수 있는 상태에서 존경하는 마음으로 자녀나 학생들이 스스로 따르고 싶어 하고 그 부모나 스승의 모습을 본받고 싶어 할 때 가장 훌륭한 교육이 이루어질 수 있다는 사실도 잘 알고 있다.

세상에는 절대 되지 말아야 할 "선생님"이 있으니 "반면교사(反面教師)"다. 반면교사는 모든 면에서 오로지 좋지 못한 모습만을 가지고 있어서 다른 사람에게 배워서는 안 될 것만을 보여주는 선생님이다. 교사(教師)치고는 참으로 비극적인 교사가 아닐 수 없다.

"반면교사"라는 말이 있다면 또 "반면부모"라는 말도 성립될 수 있을 것이다. 간혹 언론에 비친 어두운 소식들 중에는 동물보다 못한 부모들의 작태가 소개되기도 한다. 그 모든 현상들도 우리가 부모다운 부모 스승다운 스승으로 거듭나는데 타산지석으로 삼아야 할 것이다.

≪예기≫에서는

하지사상야 불종기소령 이종기소행
下之事上也에 不從其所令이요 而從其所行이니라

(아랫사람이 윗사람을 섬길 때 그의 명령을 따르는 것이 아니라 그 행동을 보고 따른다.)

라고 하였다. 역시 부모나 스승이 모범적인 행동을 보여야 한다는 점을 강조한 말이다.

그런데 자녀나 학생들이 부모나 스승의 좋은 점만 보고 자율적으로 잘 성장해 가면 그 보다 좋을 수가 없겠지만, 많은 경우 그들 자신이 편한 대로 생각하고 편한 대로 행동하는 경우가 많다는 데 고민이 크다. 따라서 부모나 스승은 항상 관심을 가지고 자녀와 학생들을 잘 관찰하고 문제가 된다 싶은 일은 대화로 풀어가는 노력이 필요하게 된다.

집에서는 부모가 스승, 학교에서는 교사가 스승

중국의 울료(尉繚)는 이상적인 장수(將帥)의 조건을 이야기하면서 장수의 "사랑"과 "위엄"을 강조한 바 있다. 그의 말은 오늘날 부모와 스승의 위치에 있는 사람들이 참고해도 좋을 듯하다. 즉, "부하는 장수를 마음으로 존경하지 않으면 자신의 역할을 다하지 않는다. 또 부하가 장수를 두려워하지 않으면 장수가 그를 수족처럼 부릴 수가 없게 된다. 사랑으로 대해야 부하의 마음을 움직일 수 있고 위엄이 있어야 명령을 따르게 할 수 있다."는 이야기다. 그래서 다음과 같이 요약하여 말한 것이다.

善將者(선장자)는 愛與威而已(애여위이이)니라

(훌륭한 장수에게는 사랑과 위엄이 있을 뿐이다.)

그 장수 된 사람은 원래부터 장수가 되었던 것은 아니다. 역시 단계를 밟아서 마침내 장수가 된 것이다. 마찬가지로 지금의 부모나 스승도 윗대의 부모와 스승의 모습을 보면서 점차 성장하여 오늘의 위치에 서게 된 것이다. 오늘이 있기까지 많은 것을 보고 느꼈을 것이다. 훗날 내가 만일에 부모가 되고, 내가 만일에 스승이 된다면 나도 저런 삶의 주인공이 되어야지 하고 생각한 부분도 있었을 것이고, 나는 절대로 저러지는 말아야지 하고 결심한 부분도 있었을 것이다. 그렇다면 오늘의 부모, 오늘의 스승 위치에 선 사람은 지난날 배우고 싶었던 부분, 절대로 전철을 밟지 말아야겠다고 결심했던 부분들을 잘 분별하여 자식과 제자들을 지도하는데 교육 자료로 삼아야 할 것이다. ≪대학≫에 보면 "혈구지도(絜矩之道)"를 논하는 대목이 나온다.

所惡於上(소오어상)으로 毋以使下(무이사하)하며 所惡於下(소오어하)로 毋以事上(무이사상)하며 所惡於前(소오어전)으로 毋以先後(무이선후)하며 所惡於後(소오어후)로

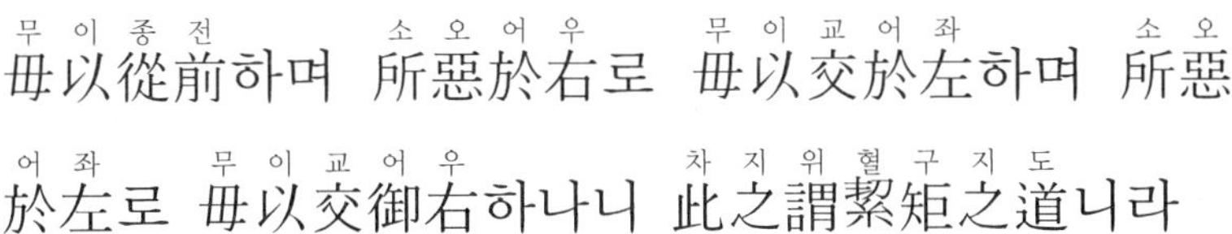

毋以從前하며 所惡於右로 毋以交於左하며 所惡於左로 毋以交御右하나니 此之謂絜矩之道니라

(윗사람에게 싫다고 느꼈던 것을 아랫사람에게 시키지 말아야 하며, 아랫사람에게 싫다고 느꼈던 것으로 윗사람을 섬기지 말아야 하며, 앞사람에게 싫다고 느꼈던 것으로 뒷사람을 이끌지 말아야 하며, 오른쪽 사람에게서 싫다고 느꼈던 것을 왼쪽 사람에게 건네지 말아야 하며, 왼쪽 사람에게서 싫다고 느꼈던 것을 오른쪽 사람에게 건네지 말아야 한다. 이런 것을 일러 혈구지도라고 말한다.)

이것은 군자의 덕목을 말한 것이기는 하지만, 오늘날 누군가에게 영향을 미치게 되는 위치에 있는 사람이라면 누구나 본받아야 할 가르침이 아닌가 생각한다. 좋지 못한 폐습이 다음 세대로 넘어가지 않도록 하는 막중한 책임이 곧 지금의 부모와 스승의 어깨에 있는 것이다. 이것이 곧 올바른 사도(師道)라 할 것이다.

꼭 닮고 싶은 우리 부모님 우리 선생님

≪명심보감≫에서는 사람이 성공할 수 있는 조건을 여형공(呂滎公)의 말로 대신하고 있다.

內無賢父兄하고 外無嚴師右에 而能有成者鮮矣니라

(안으로 어진 부형이 없고, 밖으로 엄한 스승과 벗이 없으면 성공하는 자가 드물다.)

역시 부모와 스승의 역할을 강조한 것이다. 여형공은 어진 부모, 엄한 스승이 곧 한 인간의 성공을 만들어낸다고 하였는데, 절대적으로 역할이 구분되는 것은 아니라 할 것이다. 가정에서 부모도 어질 때는 어질고, 엄할 때는 엄해야 하며,

학교에서의 스승도 역시 어질기도 하고 엄하기도 해야 하는 것이다. 그 조절의 요령과 능력 정도에 따라 혹 마찰이 생기기도 하고, 또는 윤활유 먹은 기계처럼 잘 돌아가기도 하므로, 부모와 스승의 적절한 지혜가 필요하게 된다.

能孝能悌(능효능제)가 莫非師恩(막비사은)이니라 能知能行(능지능행)이 總是師功(총시사공)이니라

(부모님께 효도하고 웃어른을 공경할 수 있는 것은 스승의 은혜가 아닌 것이 없느니라. 알 수 있고 행할 수 있는 것은 모두 스승의 공이니라.)

≪사자소학≫에 나오는 말이다. 그래서 옛날에는 제자라면 스승의 그림자도 밟지 못하도록 교육시켰고, 또 제자들은 당연히 그렇게 하는 것으로 알았다. 그러나 지금 우리의 현실은 많은 차이가 있음을 누구나 다 안다. 가정에서나 학교에서나 모두가 스승을 존경할 줄 아는 사회를 만들기 위해 노력할 일이다. ≪노학구어≫에서도 스승의 역할과 그 은혜에 대하여 다음과 같이 강조하고 있다.

勤勤善導(근근선도)면 小子有造(소자유조)라 世多善人(세다선인)은 良師之效(량사지효)니라

(부지런히 잘 이끌어주면 어린 아이라도 성취를 볼 수 있다. 세상에 착한 사람이 많은 것은 훌륭한 스승 덕분이다.)

이러한 스승에게 제자 되는 학생은 어떠한 자세를 가져야 하는가? ≪사자소학≫에서는 다음과 같이 가르침을 주고 있다.

事師如親(사사여친)하야 必恭必敬(필공필경)하라 先生施敎(선생시교)어시든 弟子是則(제자시칙)하라

(스승 섬기기는 어버이와 같이 해서 반드시 공손히 하고 반드시 공경하라. 선생님께서 가르침을 베풀어주시거든 제자들은 이것을 본받아라.)

다음의 두 구절은 모두 ≪노학구어≫에서 강조하고 있는 스승의 중요성이다. 스승의 역할과 은혜는 아무리 강조해도 지나치지 않다고 생각된다.

성현지언 백증구상 불득량사 불현량방

聖賢之言에 百症俱詳이라 不得良師면 不顯良方이니라

(성현들의 말 속에는 온갖 문제점에 대한 처방이 다 상세하게 갖추어져 있다. 어진 스승을 얻지 못하면 훌륭한 방법을 드러낼 수가 없다.)

불위량상 당위량의 의고가위 불여몽사

不爲良相이면 當爲良醫라 醫固可爲나 不如蒙師니라

(훌륭한 재상이 아니면 마땅히 훌륭한 의사가 되어라. 의사는 물론 해도 좋지만 어린이를 가르치는 스승만은 못하다.)

≪인생필독≫에서 말하기를, "사람은 타이르지 않으면 착해질 수가 없고, 종은 치지 않으면 울리지 않는다.(人不勸不善 鐘不打不鳴)"고 하였다. 사람이 착해지고 훌륭해질 수 있도록 지도하는 일, 하나의 종이 우렁차게 큰 소리로 울릴 수 있도록 북채를 잡는 일이 세상에 무엇보다 중요하다는 사실을 인식할 때, 오늘의 부모, 오늘의 스승 된 사람들이 특별한 각오 없이 살아서는 안 될 일이다.

생각나누기

1. 君師父一體(군사부일체) :
2. 外受傅訓入奉母儀(외수부훈입봉모의) :
3. 踏雪野中去不須胡亂行(답설야중거불수호란행) :
4. 今日我行跡遂作後人程(금일아행적수작후인정) :
5. 原淸則流淸(원청즉류청) :
6. 原濁則流濁(원탁즉류탁) :
7. 反面教師(반면교사) :
8. 從其所行(종기소행) :
9. 善將者愛與威而已(선장자애여위이이) :
10. 所惡於上毋以使下(소오어상무이사하) :
11. 賢父兄嚴師友(현부형엄사우) :
12. 能孝能悌莫非師恩(능효능제막비사은) :
13. 能知能行總是師功(능지능행총시사공) :
14. 勤勤善導小子有造(근근선도소자유조) :
15. 世多善人良師之效(세다선인양사지효) :
16. 事師如親必恭必敬(사사여친필공필경) :
17. 先生施教弟子是則(선생시교제자시칙) :
18. 不得良師不顯良方(불득량사불현양방) :
19. 醫固可爲不如蒙師(의고가위불여몽사) :
20. 人不勸不善鐘不打不鳴(인불권불선종불타불명) :

제22강 공부(工夫)-1

지식보다 더 큰 재산은 없다

다음은 어느 한 여성에 대한 위상을 적은 것이다.

(1) 미국인이 존경하는 인물 3위, (2) 미국 최고 비즈니스 우먼 2위, (3) 미국 토크쇼의 여왕, (4) 패션모델, (5) 영화배우(아카데미 여우조연상 후보), (6) 자산 약 9,000 억의 갑부 …….

다름 아닌 미국의 오프라 윈프리에 대한 이야기이다.

그녀의 성공적인 이력은 이 외에도 수없이 많은 업적들을 가지고 있다. 가히 평범한 사람들은 꿈도 꿀 수 없는 그런 것들이다. 하지만 그녀는 사람들이 애초부터 이러한 성공을 예견할 수 있었던 특별한 사람도 아니었고, 그 누구도 이러한 결과를 예상할 수 있는 삶의 과정도 아니었다. 너무나 어려운 환경과 삶의 역정 속에서 이룬 기적 같은 일이었기에 오늘날 그녀의 성공은 그 어떤 성공사례보다 더 깊은 의미를 가지며, 많은 사람들에게 희망의 상징이 되고 있는 것이다.

미국은 기회가 많고 평등한 나라라고 말하기는 하지만, 아직도 유색인종에 대한 편견을 부정할 수 없는 미국사회에서 그녀는 흑인이었음에도, 불행한 어린 시절이 있었음에도, 수많은 악조건이 있었음에도 이를 훌륭하게 극복하고 당당하게 성공한 것이다. 그녀의 평범하지 않은 불행의 조건들을 보면 가히 놀랍다. (1) 까만 피부의 흑인, (2) 미혼모에게서 출생, (3) 지독한 가난 속에서 생활, (4) 9살 때 사촌오빠로부터의 강간, (5) 14세 때까지 친척들로부터 학대, (6) 14살에 미혼모, (7) 2주 후 아기 사망, (8) 100킬로의 뚱보 …… 등등.

이런 그녀에게서 우리는 어떤 희망을 기대할 수가 있을까? 그러나 그녀에게는 한 가지 즐거움이 있었으니, 그것은 바로 독서였다. 그래서 오늘날의 오프라 윈프리가 있게 된 것은 바로 수많은 책 덕분이라고 그녀는 말한다. 윈프리는 인생에서 온갖 일들을 겪게 될 때마다 독서를 통해서 문제를 해결하였다고 고백하면서, "책을 읽으면 당신의 인생이 달라질 수 있으니 그렇게 한 번 해

보지 않겠느냐?"고 우리들의 도전의식에 불을 붙여준다. 열심을 다 해 그녀의 정신과 노력을 배울 수만 있다면 우리도 못 해낼 일이 없을 것이라 생각이 된다.

공부는 크게 두 가지로 나누어볼 수 있다. 그 하나는 사람이 되는 공부요, 또 다른 하나는 사람이 살아가는데 필요한 도구적 성격의 공부라 할 것이다. 옛날 우리 선조들의 공부는 다소 전자에 무게를 많이 두었던 것이 아니었나 생각이 된다. 그러나 오늘날의 교육 현장이나 개인적으로 투자하는 공부의 성격들을 가만히 살펴보면 "도구적 지식"을 습득하기 위한 공부가 주를 이루고 있고, 사람됨을 위한 공부는 다소 뒷전으로 밀려 있지 않나 싶다.

어쨌든 그 어떤 성격의 공부든 조금도 등한시해서는 안 되는 것이 오늘의 현실이다. 공자는 남의 스승이 될 수 있는 자격을 말할 때 "온고지신(溫故知新)"이라는 말로 요약하였다. 즉 "옛것을 익히고 그것을 미루어서 새것을 알아야 한다."는 말이다. 이는 이전의 학문을 반복적으로 학습・연구하면서 현실을 처리할 수 있는 새로운 학문을 이해할 수 있도록 해야 한다는 지식 습득의 방법, 공부의 요령을 말한다. 이것은 남의 스승이 되기 위한 공부가 아니더라도 모든 사람이 추구해야 할 자세가 아닌가 생각한다.

부모에게는 자식을 먹여 키울 의무 외에, 바르게 가르치고 지도할 교육의 책무가 있다. 그래서 ≪노학구어≫에서는

> 유아불교 불여무아 교불이정 하이교위
> 有兒不敎면 不如無兒라 敎不以正이면 何以敎爲리오
>
> (자식이 있지만 가르치지 않으면 자식이 없는 것과 같고, 가르치되 바르게 가르치지 않으면 가르친들 뭐 하겠는가?)

라고 하였다. 여기서 강조한 "바르게 가르치는" 일이란 주로 사람 됨됨이에 대한 교육을 말하는 것이다. 이런 교육은 그 어떤 환경이나 지위에 관계없이 부모는 가르치고 자식은 배워야 하는 것이다. ≪명심보감≫에서는 주문공(朱文公)의 말을 다음과 같이 인용하고 있다.

가 약 빈 　 불 가 인 빈 이 폐 학 　 가 약 부 　 불
家若貧이라도 不可因貧而廢學이요 家若富라도 不
가 시 부 이 태 학
可恃富而怠學이니라

(집이 만일 가난하다 할지라도 가난 때문에 배우는 것을 그만두지 말 것이요, 집이 만일 부유하다 할지라도 부유한 것을 믿고 학문을 게을리 해서는 안 된다.)

빈 약 근 학 　 가 이 립 신 　 부 약 근 학 　 명 내
貧若勤學이면 可以立身이요 富若勤學이면 名乃
광 영
光榮이니라

(가난한 자가 만일 부지런히 배우면 입신할 수 있을 것이요, 부유한 자가 만일 부지런히 배운다면 이름이 더욱 빛날 것이다.)

유 견 학 자 현 달 　 불 견 학 자 무 성
惟見學者顯達이요 不見學者無成이니라

(오직 배운 자가 훌륭해지는 것을 보았으며, 배운 사람으로서 성취하지 못하는 것은 보지 못했다.)

학 자 　 내 신 지 보 　 학 자 　 내 세 지 진 　 시 고
學者는 乃身之寶요 學者는 乃世之珍이니라 是故
　 학 즉 내 위 군 자 　 불 학 즉 위 소 인 　 후 지 학 자
로 學則乃爲君子요 不學則爲小人이니 後之學者
　 의 각 면 지
는 宜各勉之니라

(배움이란 곧 몸의 보배요, 배움이란 곧 세상의 보배이다. 이 때문에 배우면 군자가 되고 배우지 않으면 소인이 될 것이니, 후에 배우는 자는 마땅히 각기 힘써야 한다.)

즉 배움은 빈부(貧富)의 정도에 근거하여 차이가 있어서도 안 되고, 상황에 따라 해도 되고 안 해도 되는 것이 아니다. 배워야 할 바로 그 적시(適時)를 놓치지 않고 열심히 공부를 해야 되는 것이다. 그 이유는 어떠한 공부든 그것은 노력한 만큼 자신이 앞으로 성장하고 발전해 가는데 대단한 위력을 발휘할 수 있는 큰 초석이 되어줄 것이기 때문이다.

황금보다 더 값진 배움과 지식

휘종황제(徽宗皇帝)는 배운 자와 배우지 못한 자의 차이를 다음과 같이 대비를 시켜 말한다. 역시 ≪명심보감≫에서 소개하는 글이다.

학 자 　 여 화 여 도 　 불 학 자 　 여 호 여 초 　 여
學者는 如禾如稻하고 不學者는 如蒿如草로다 如
화 여 도 혜 　 국 지 정 량 　 세 지 대 보 　 여 호 여
禾如稻兮여 國之精糧이요 世之大寶로다 如蒿如
초 혜 　 경 자 증 혐 　 서 자 번 뇌 　 타 일 면 장
草兮여 耕者憎嫌하고 鋤者煩惱니라 他日面墻에
회 지 이 로
悔之已老로다

(배운 사람은 모와 같고 벼와 같지만, 배우지 않은 사람은 쑥과 같고 풀과 같도다. 모와 같고 벼 같음이여, 나라의 좋은 양식이요, 온 세상의 큰 보배로다. 쑥 같고 풀 같음이여, 밭을 가는 자가 미워하고 호미질 하는 자가 걱정스러워 한다. 훗날 담장에 얼굴을 마주한 것처럼 되었을 때 (배우지 않음을) 뉘우친들 이미 늙었도다.)

여기서 "면장(面墻)"이라 함은 무식해서 사물을 올바로 관찰할 수가 없는 상태를 비유적으로 말한 것이다. 배운 것이 없어서 참으로 답답할 때, 그 기분을 벽을 맞대고 앉아 있는 것 같다는 표현은 그런 경험을 해 본 사람은 이 표현이 얼마나 적절한지를 느낄 수 있을 것이다. 그래서 배워야 할 시기에 열심을 다할 일이다. 조금 늦었다고 불가능한 것은 아니지만, 모든 일은 적기(適期)에 가장 효과가 좋기 때문에 가능한 한 이런 이치를 따르는 것이 좋을 것이다. 다음은 주자(朱子)의 말이다.

물 위 금 일 불 학 이 유 래 일 　 물 위 금 년 불 학 이 유 래
勿謂今日不學而有來日하며 勿謂今年不學而有來
년 　 일 월 서 의 　 세 불 아 연 　 오 호 로 의 　 시
年하라 日月逝矣라 歲不我延이니 嗚呼老矣라 是

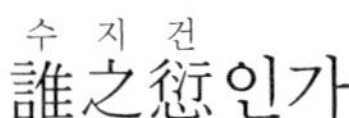

수 지 건
誰之愆인가

(오늘 배우지 않으면 내일이 있다고 말하지 말며, 금년에 배우지 않으면 내년이 있다고 말하지 말라. 해와 달은 지나가며 세월은 나를 기다려 주지 않는다. 아 늙었도다, 이것은 누구의 허물인가?)

지금, 바로 "오늘" 이 시간부터 배움을 실천하자는 말이다.

또 시간의 중요성을 강조할 때 너무나 많이 인용이 되어서 우리들에게 아주 익숙한 시가 하나 있다.

소 년 이 로 학 난 성 일 촌 광 음 불 가 경 미 각 지
少年而老學難成이니 一寸光陰不可輕이라 未覺池

당 춘 초 몽 계 전 오 엽 이 추 성
塘春草夢인데 階前梧葉已秋聲이라.

(소년은 늙기 쉽고 학문은 이루기 어려우니, 짧은 시간이라도 가벼이 여겨서는 안 된다. 연못가의 봄풀은 꿈에서 아직 깨어나지도 안 했는데, 섬돌 앞의 오동나무는 벌써 가을 소리를 낸다.)

이루기 어려운 공부, 시간을 아껴서 열심을 다 하라는 말이다.

이러한 공부는 현실적으로 당장에 그 가치와 실체를 확인할 수는 없지만, 황금보다도 더 값진 것이라고 ≪한서≫는 다음과 같이 강조한다.

황 금 만 영 불 여 교 자 일 경 사 자 천 금 불 여
黃金滿瀛이 不如敎子一經이요 賜子千金이 不如

교 자 일 예
敎子一藝니라

(황금이 상자에 가득해도 자식에게 경서 한 권을 가르치는 것만 못하고, 자식에게 천 냥의 금을 물려준다 해도 기술 한 가지를 가르치는 것만 못하다.)

그 "경서 한 권"과 "기술 한 가지"가 바로 자신의 희망찬 미래와 가문의 영광을 위한 주춧돌이 되어줄 것이다. 그래서 ≪노학구어≫에서는 한 가정의

제2대가 제대로 준비를 하지 못하고 역할을 하지 못하면 얼마나 놀라운 일이 벌어지는지 그 중요성을 다음과 같이 말한다.

조부관대문고 아손의기자호 다소담담제택 전안화작봉호

組父官大門高에 兒孫意氣自豪나 多少潭潭第宅이면 轉眼化作蓬蒿니라

(할아버지의 벼슬이 높고 사회적 지위가 높으면 그 자손들의 의기가 아주 우쭐해지기도 하지만, 다소 큰 저택도 눈 깜짝할 사이에 황야로 변하기도 한다.)

옛날에는 역시 사람 됨됨이 교육이 중시되었고, 그 기본이 정립된 후에 사회로 나갈 수 있는 준비를 하게 하였다. 옛날에도 공부를 하는 목적을 오로지 출세지향에만 두지 말도록 경계하였다. 그래서 ≪노학구어≫에서는

독서전습문자 문자전구과제 일심지망주관 오료허다자제

讀書專習文字에 文字專求科第나 一心指望做官에 誤了許多子弟니라

(독서를 할 때는 오로지 문장만을 익히고 문장으로는 오로지 과거 급제만을 구하게 되는데, 전적으로 벼슬만을 바라보게 하면 수많은 자제들을 그르치게 된다.)

라고 하고 있다. 이런 점은 곧 공자의 도덕이념 또는 정치이념이었던 오상(五常)에 대한 공부가 우선되어야 한다는 말로 봐도 좋을 것이다.

공부는 세상을 날 수 있는 날개를 다는 일

공자가 말하는 오상이란 사람이 지켜야 할 다섯 가지의 떳떳한 도리를 말하는데, 인(仁)·의(義)·예(禮)·지(智)·신(信)이 곧 이것이다. 이 중에서 가장 먼저 나오는 "인", 즉 어진 사람이 되기 위한 공부의 방법을 자하(子夏)는 다음과 같이 말한다.

박학이독지 절문이근사 인재기중의
博學而篤志하고 切問而近思면 仁在其中矣니라

(널리 배워서 뜻을 두텁게 하고, 간절하게 묻고 가까이에서 생각해 나가면 인(仁)이 그 가운데 있다.)

아무리 뛰어난 천재라 할지라도 그래도 다방면으로 깊이 공부를 하게 되면 더 큰일을 할 수 있기 때문에 언제나, 또 누구에게나 공부는 강조되어 왔다. 태공(太公)은

인생불학 명명여야행
人生不學이면 冥冥如夜行이니라

(사람이 배우지 않으면 어둡게 되어 그 어두움이 밤길을 가는 것과 같다.)

라고 하였으며, 그리고 또 ≪예기≫에서는

옥불탁 불성기 인불학 불지도
玉不琢이면 不成器하고 人不學이면 不知道니라

(옥은 다듬지 않으면 그릇을 이루지 못하고, 사람은 배우지 않으면 도의를 알지 못한다.)

라고 하였다. 배워서 인간의 도리를 알고, 또 공부를 통해서 무엇인가 할 수

있는 능력을 가지게 되었을 때는 세상을 날 수 있는 날개를 하나 더 가지게 되는 셈이 된다. 그래서 장자(莊子)는 다음과 같이 말한다.

> 인지불학 여등천이무술 학이지원 여
> 人之不學은 如登天而無術하고 學而智遠이면 如
> 피상운이도청천 등고산이망사해
> 披祥雲而覩靑天하고 登高山而望四海니라
>
> (사람이 배우지 않으면 하늘에 오르려고 하면서 재주가 없는 것과 같고, 배워서 지혜가 원대해지면 상서로운 구름을 헤치고 푸른 하늘을 보며 산에 올라 사해를 바라보는 것과 같다.)

라고 하였다. 어떤 지식과 기술을 배워서 능한 상태가 되었을 때, 실제로 그것을 세상에서 활용하면서 그 효용을 실감하는 것이 가장 좋겠지만, 설령 밖으로 표현이 되지 않고 활용이 되지 않는다 할지라도 마음속에서 든든하고 뿌듯한 마음으로 간직되는 것만으로도 충분한 제 몫을 하고도 남는다.

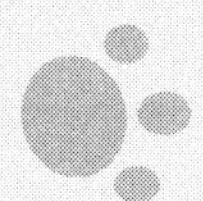

생각나누기

1. 有兒不教不如無兒(유아불교불여무아) :
2. 不可因貧而廢學(불가인빈이폐학) :
3. 不可恃富而怠學(불가시부이태학) :
4. 貧若勤學可以立身(빈약근학가이립신) :
5. 富若勤學名乃光榮(부약근학명내광영) :
6. 學者乃身之寶(학자내신지보) :
7. 學者乃世之珍(학자내세지진) :
8. 學者如禾如稻(학자여화여도) :
9. 不學者如蒿如草(불학자여호여초) :
10. 面墻悔之已老(면장회지이로) :
11. 勿謂今日不學而有來日(물위금일불학이유래일) :
12. 勿謂今年不學而有來年(물위금년불학이유래년) :
13. 少年易老學難成(소년이로학난성) :
14. 一寸光陰不可輕(일촌광음불가경) :
15. 未覺池塘春草夢(미각지당춘초몽) :
16. 階前梧葉已秋聲(계전오엽이추성) :
17. 玉不琢不成器(옥불탁불성기) :
18. 人不學不知道(인불학불지도) :
19. 人之不學如登天而無術(인지불학여등천이무술) :

제23강 공부(工夫)-2

공부는 지능보다 노력하는 것이 더 중요해

배움에는 여러 가지 방법이 있다. 그 중에 하나는 모르는 것을 다른 사람에게 묻는 일도 포함이 된다. 물어 배우는 일이 결코 쉬운 일은 아니다. 특히 선생님이나 자기보다 나이가 많은 사람에게 배움을 청하는 것은 그래도 좀 괜찮다. 그러나 자기보다 어린 사람에게 배움을 청하는 일은 먼저 체면을 생각하게 되어 쉽게 마음이 내키지 않을 수도 있다. 여기에서 곧 배움의 정신이 얼마나 투철한지를 가늠해볼 수가 있게 된다.

옛날 춘추시대 때, 위나라에 공어(孔圉)라고 하는 사람이 살았다. 그의 시호는 "문(文)"이었다. 그런데 사람들은 그를 공문자(孔文子)라고 불렀다. 뒤에 공자의 제자 자공(子貢)이 그의 시호가 왜 "문(文)"이라고 하였는지에 대해 궁금해서 물었다. 이에 공자는 이렇게 말했다.

민이호학 불치하문 시이위지문야
敏而好學이나 不恥下問이라 是以謂之文也니라

(머리가 명민하면서도 배우기를 좋아하고 아랫사람에게 묻는 것도 부끄러워하지 않아서, 이 때문에 문(文)이라고 한 것이다.)

공자의 대답에서 우리는 중요한 가르침 하나를 배우게 된다. 학문하는 태도 내지는 배우는 자세에 대한 가르침이다. 사람들의 지능은 타고나는 것이기 때문에 차이가 있을 수 있다. 그러나 공부는 그 "지능"보다 "노력"하는 자세가 더 중요하다는 것을 우리는 잘 알고 있다.

공부와 능력에 있어서 사람에게는 네 가지 유형이 있다고 할 수 있다. 지능도 뛰어나고 노력도 많이 하는 사람, 지능은 뛰어나지만 노력은 하지 않는 사람, 지능은 다소 떨어지지만 노력하는 사람, 지능도 떨어지고 노력도 안 하는 사람이다. 이 네 가지 유형 중에 가장 이상적인 유형은 어떤 사람일까? 당연히 첫 번째 유형의 사람일 것이다. 그러나 사람들에게 더 큰 감동을 주고, 평범한 사람들에게도 희망을 주는 유형은 바로 세 번째 유형의 사람이 아닐까 생각한다. 그 이유는 타고나는 지능은 내가 어떻게 할 수 있는 영역이 아니라 한계가 있을 수 있지만, 노력은 얼마든지 나의 의지에 따라 할 수 있는 것이고, 노력하는 것보다 더 아름다운 일은 없기 때문이며, 그 노력 앞에서는 그 어떤 어려운 일도 극복될 수 있는 경우가 많기 때문이다.

≪노학구어≫에서도 이렇게 말하고 있다.

> 不能則學(불능즉학)하고 不知則問(불지즉문)이라 恥於問人(치어문인)이면 決無(결무)長進(장진)이니라
>
> (할 줄을 모르면 곧 배우고, 모르는 것이 있으면 곧 물어야 한다. 다른 사람에 묻는 것을 부끄럽게 여기면 결코 진보가 있을 수 없다.)

배우는 일, 공부하는 일을 즐겁게 생각하는 사람들은 많지 않다. 그렇게만 된다면 더 없이 좋을 것이다. 하지만 사람들은 기본적으로 노력은 덜 하고 수확은 풍성하게 거둘 수 있기를 바라는 공통적인 마음을 가지고 있기 때문에 고생이 수반되는 공부를 즐거워하는 사람이 많지 않을 것이다. 그럼에도 우리 선조들은 사람들에게 독서를 많이 하도록 하고 자식을 가르치는데 힘쓰라고 교육의 중요성을 늘 잊지 않았다. ≪명심보감≫에 나오는 말이다.

> 至樂(지락)은 莫如讀書(막여독서)요 至要(지요)는 莫如教子(막여교자)니라
>
> (지극한 즐거움은 글을 읽는 것만 한 것이 없고, 지극히 중요한 것은 자식을 가르치는 것만 한 것이 없다.)

후회는 항상 지나고 나서 하게 된다. 그래서 ≪논어≫에서도 공부를 할 때는 최선을 다해 노력하고, 공부를 해야 할 시기는 절대 놓치지 말 것을 강조하여

이렇게 말하고 있다.

학여불급　　유공실지
學如不及이요 猶恐失之니라

(배우기를 미치지 못할 것처럼 하고, (때를) 잃을까 두려워할지니라.)

시인 도연명(陶淵明)도 역시 젊은 시절을 아껴 열심을 다 하라고 강조한다. 그리고 세월은 사람을 기다려주지 않는다고 힘주어 말한다.

성년불중래　　일일난재신　　급시당면려
盛年不重來요　一日難再晨이니　及時當勉勵하라
세월불대인
歲月不待人이니라

(젊은 시절은 거듭 오지 않고, 하루에는 새벽이 두 번 있기 어려우니, 때에 이르러 마땅히 학문에 힘써라. 세월은 사람을 기다려주지 않는다.)

▩ 공부를 하는 방법과 요령

학문을 하는 방법과 요령은 사람마다 방법이 다를 수 있겠지만, 우리의 선조들은 ≪격몽요결≫에서 다음과 같은 방법을 권하고 있다.

범독서자　　필단공위좌　　경대방책　　전심
凡讀書者는 必端拱危坐하여 敬對方册하여 專心
치지　　정사함영
致志하고 精思涵泳하라

(무릇 책을 읽는 자는 반드시 단정히 손을 모으고 무릎을 꿇고 앉아서 공경하는 마음가짐으로 책을 마주하여 마음을 오로지 하고 뜻을 극진히 하며 자세히 생각하고 함영(涵泳)하라.)

여기서 "함영"이라 함은 익숙하도록 읽고 깊이 생각함을 말한다. 글은 이어서,

> 深解義趣(심해의취)하고 而每句(이매구)에 必求踐履之方(필구천리지방)이니 若口讀(약구독)而心不體(이심불체)요 身不行(신불행)이면 則書自書(즉서자서)요 我自我(아자아)니 何益之有(하익지유)리오
>
> (의미를 깊이 이해하고 구절마다 반드시 실천할 방법을 구해야 하니, 만일 입으로만 읽고 마음에 체득하지 않고 몸으로 실행하지 않는다면, 책은 책 대로이고 나는 나 대로일 것이니 무슨 이로움이 있겠는가?)

라고 하였다. 공부는 이렇게 단정한 모습, 공경하는 마음가짐으로, 뜻을 다하여, 의미를 깊이 이해할 수 있어야 한다. 그러고 나면 또 다른 단계의 공부를 시작할 수가 있게 된다. 대충 책장만 넘기고 공부를 다 했다고 하면 아무런 소득도 얻을 수가 없다. 이런 점을 경계하여 ≪격몽요결≫에서는 또 다음과 같이 말하고 있다.

> 凡讀書(범독서)에 必熟讀一冊(필숙독일책)하여 盡曉義趣(진효의취)하여 貫通無疑然後(관통무의연후)에 乃改讀他書(내개독타서)요 不可貪多務得(불가탐다무득)하여 忙迫涉獵也(망박섭렵야)니라
>
> (무릇 책을 읽을 때에는 반드시 한 책을 익숙히 읽어서 의미를 다 깨달아 꿰뚫어 통달하고 의심스러운 것이 없어진 뒤에야 비로소 다시 다른 책을 읽을 것이요, 많이 읽기를 탐내고 얻기를 힘써서 바삐 섭렵해서는 안 된다.)

그렇다. 공부는 양도 중요하지만, 그보다 얼마나 많은 것을 이해했느냐가 중요한 것이다. 급한 마음으로 바삐 한 공부는 결국 얻게 되는 것이 없고, 시간만 낭비하는 꼴이 된다. 공부에는 역시 선한 목적과 꾸준한 노력과 좋은 습관이 절대적으로 필요하다.

다시 ≪격몽요결≫에서 좋은 가르침을 한 번 보자.

凡人이 自謂立志하되 而不卽用功하고 遲回等待者는 名爲立志나 而實無向學之誠故也라

(무릇 사람들이 스스로 뜻을 세웠다고 하지만, 곧바로 공부를 하지 않고 느릿느릿 뒷날을 기다리는 것은, 명목상으로는 뜻을 세웠다고 하지만 실제로는 배움을 향한 정성이 없기 때문이다.)

苟使吾志로 誠在於學이면 則爲仁由己라 欲之則至니 何求於人이며 何待於後哉리오

(만약에 나의 뜻이 진실로 배움에 있도록 하면, 곧 인이 자기에게서 말미암게 된다. 인을 원하면 인이 곧 이르게 될 것인데 어찌 남에게서 구하며, 어찌 훗날을 기다리겠는가?)

좋지 못한 습관은 반드시 제거되어야 소망하는 꿈을 이룰 수가 있게 된다.

人雖有志於學이나 而不能勇往直前하여 以有所成就者는 舊習이 有以沮敗之也라 舊習之目을 條列如左하나니 若非勵志痛絕이면 則綜無爲學之地矣리라

(사람이 비록 학문에 뜻을 두었지만 용감하게 곧바로 나아가 학문을 성취하지 못하는 것은 옛 습관이 결심을 가로막고 무너뜨리기 때문이다. 옛 습관에 해당하는 항목을 다음과 같이 열거하니, 만약에 뜻을 더욱 굳게 세워 뼈아프게 끊어 버리지 않는다면 끝내 학문을 할 터전이 마련되지 않을 것이다.)

≪격몽요결≫이 말하는 나쁜 습관 여덟 가지

글에서 말하는 구습(舊習), 즉 옛 습관 여덟 가지 항목을 정리하면 다음과 같다.

① 자신의 의지를 게을리 하고 몸가짐을 함부로 해서, 그저 한가하고 편안하기만을 생각하여 구속당하기를 매우 싫어하는 것.
② 항상 몸을 움직이는 것을 생각하여 정숙함을 지키지 못하고, 어지럽게 드나들면서 말만 하며 세월을 보내는 것.
③ 의견이 같은 것은 좋아하고 다른 것은 싫어하면서 세속의 흐름에 빠져, 다소 행실을 닦고 삼가려 하기는 하지만 남들과 괴리될까 두려워하는 것.
④ 문장으로 그 당대에 이름나기를 좋아하여, 경전의 내용을 표절해서 쓸데없이 화려하기만 한 문장을 꾸미는 것.
⑤ 글 짓는 일에 힘쓰고 거문고 타고 술 마시는 것을 업으로 삼아 한가하게 놀면서 세월 보내는 것을 깨끗한 운치(韻致)라고 여기는 것.
⑥ 한가한 사람을 모아 바둑·장기를 두고 배불리 먹고 하루를 다 보내면서 다만 남과 다투는 데만 힘을 보태는 것.
⑦ 부귀를 부러워하고 빈천을 싫어하여, 남루한 옷과 거친 음식을 몹시 부끄럽게 여기는 것.
⑧ 좋아하는 욕심을 절제하지도 못하고 끊어 억제하지도 못하고, 재리와 음악과 여색에 빠져 그 맛을 사탕처럼 달게 여기는 것.

세상이 많이 바뀌어 오늘날 우리들의 현실과는 거리가 먼 그런 점도 많지만 배워야 할 점도 적지 않다. 어쨌든 ≪격몽요결≫에서는 다음과 같이 습관에 대하여 정리를 하고 있다.

此習이 使人志不堅固하고 行不篤實하여 今日所爲를 明日難改하고 朝悔其行이라가 暮已復然하나니 必須大奮勇猛之志하여 如將一刀하여 快斷根株하고 淨洗心地하여 無毫髮餘脈하며 而時時每

가맹성지공 사차심무일점구염지오연후 가
加猛省之功하여 使此心無一點舊染之汚然後에 可
이론진학지공부의
以論進學之工夫矣리라

(이러한 습관이 사람의 의지를 견고하지 못하게 하고, 행실을 독실하게 하지 못하게 하며, 오늘 한 일을 내일 고치기 어렵게 하고, 아침에 그 행함을 뉘우쳤다가 저녁에 다시 그렇게 하도록 하니, 반드시 용맹스런 뜻을 크게 분발해서 마치 단칼에 뿌리를 끊듯이 하고, 마음을 깨끗이 씻어 털끝만큼이라도 남은 맥이 없게 하며, 때때로 매번 크게 반성하는 공부를 더하여 이 마음으로 하여금 한 점이라도 옛날에 물든 더러움이 없도록 한 뒤에야 학문에 나아가는 공부를 논할 수 있을 것이다.)

세상에는 각양각색의 스승이 있고, 가르침이 있고, 교훈으로 받아들일 만한 자연현상 등이 수도 없이 많다. 그러나 그것을 내 것으로 받아들일 자세가 되어 있지 않다면 나에게 아무런 영향을 줄 수 없는 한낱 무용지물(無用之物)에 불과할 뿐이다. 순자(荀子)는 다음과 같이 말하였다.

불적규보 무이지천리 불적소류 무이성강
不積蹞步면 無以至千里요 不積小流면 無以成江
하
河니라

(반걸음을 쌓지 않으면 천 리에 이르지 못할 것이요, 작은 물이 모이지 않으면 큰 강을 이루지 못한다.)

그렇다. 아무리 작은 것이라도 무시하지 않고, 아무리 어려워도 포기하지 않고, 아무리 진보가 더디더라도 꾸준하게 열과 성을 다한다면 자기도 모르는 사이에 "천 리"에 이르러 있고, 큰 "강"을 이룬 것처럼 세상에 우뚝 솟아 있는 자신을 발견할 수 있게 될 것이다.

생각나누기

1. 敏而好學(민이호학) :

2. 不恥下問(불치하문) :

3. 不能則學(불능즉학) :

4. 不知則問(불지즉문) :

5. 耻於問人决無長進(치어문인결무장진) :

6. 至樂莫如讀書(지락막여독서) :

7. 至要莫如教子(지요막여교자) :

8. 盛年不重來(성년불중래) :

9. 一日難再晨(일일난재신) :

10. 及時當勉勵(급시당면려) :

11. 歲月不待人(세월불대인) :

12. 不積蹞步無以至千里(불적규보무이지천리) :

13. 不積小流無以成江河(불적소류무이성강하) :

제24강 기회(機會)

기회는 스스로 만들 수도 있다

그리스에는 고대 그리스신화를 나타내는 유적지에 우스꽝스런 동상이 하나 있는데, 많은 관광객들이 이것을 보고 큰 감명을 받는다고 한다. 그 동상은 앞쪽의 머리숱은 무성한 반면 뒤쪽은 대머리이고, 발에는 날개가 달려 있는데, 그 동상 아래에는 이런 글이 적혀 있다고 한다.

> 앞머리가 무성한 이유는 사람들이 나를 보았을 때 쉽게 붙잡을 수 있도록 하기 위함이고, 뒷머리가 대머리인 이유는 내가 지나간 후에는 사람들이 다시는 붙잡지 못 하도록 하기 위함이다. 그리고 발에 날개가 달린 이유는 최대한 빨리 사라지기 위함이다. 내 이름은 '기회'다.

이 동상의 주인공은 기회의 신 "카이로스" 형상이라고 한다.

이 형상을 통해서 우리는 많은 것을 생각해 보게 된다. 기회란 공평하여 모든 사람들에게 동일하게 적용되지만, 그 기회를 붙잡을 수 있는 준비가 부족한 사람에게는 그를 외면해 버린다는 사실이다. 그래서 동서고금을 막론하고 언제 어디서나 기회의 중요성과 시간의 중요성에 대해 수많은 언급이 있어 왔던 것이다.

상폴 같은 사람은 "기회가 이중문을 두드리며 찾아든다고 생각하지 말라."고 하여 기회가 거듭되지 않음을 강조하고 있고, 카네기는 "기회는 모든 사람에게 공평하게 찾아온다. 다만 그것을 잡지 못할 따름이다."라고 하였다. 그런가 하면 소포클레스는 "스스로 돕지 않는 사람에게 기회는 찾아오지 않는다."라고 하였다.

영국의 작가 스마일즈는 "기회가 눈에 띄지 않으면 스스로 만들라."고 하여 더욱 적극적인 태도를 취할 것을 강조하였는데, "스스로 만들라."는 말은 무엇인가 원하는 것을 이루기 위해서는 철저히 준비하라는 역설일 것이다. 이렇게 기회를 자기의 것으로 만들기 위한 공격적인 인생관과 설계는 카네기의 성공실화를 통해 확인할 수가 있다.

세계적 부호 카네기에게는 평소에 아주 소중하게 여기는 그림 한 점이 있었다고 한다. 그 그림은 유명한 화가가 그린 명작도 아니고 골동품도 아니었는데, 카네기가 그렇게 귀하게 생각할 수 있었던 것은 바로 그 그림을 설명하고 있는 글에서 큰 감명을 받았기 때문이라는 것이다.

그 그림은, 한 척의 나룻배가 썰물에 밀려와 절망스럽고 처절한 듯한 모습으로 모래사장에 누워있는 평범한 그림이었다. 그런데 이 그림을 설명하는 글귀는 이런 내용이었다고 한다.

반드시 밀물은 밀려온다. 그 날이 오면 나는 바다로 나아가리라.

꿈을 위해 동분서주하고 있던 28세의 카네기는, 이 한 마디에 큰 용기를 얻어 "밀물"이 밀려오게 될 그 날을 준비하고 기다리면서 그토록 춥고 배고팠던 어려운 난관을 극복하고, 마침내 세계의 부호로 우뚝 설 수 있었던 것이다.

그 그림 속의 주인공격인 나룻배는 너무나 평범한 "보통의 배"에 불과했다. 하지만 "언젠가 기회가 오기만 하면 저 희망찬 망망대해로 나아가 마음껏 줄달음 치겠노라."는 그 정신과 의지가 카네기에게 고스란히 전해짐으로써, 큰 성공을 만들어 주었던 것이다.

우리 모든 사람에게도 카네기가 기다리던 그 "밀물"이 분명히 밀려오게 되어 있다. 지금 우리가 할 일은 그럴 것이라는 확신을 가지고 준비하는 일 뿐이다. 그런데 그 밀물과 같은 기회가 우리들이 잠자고 있을 때 오게 될 것인지, 아니면 놀고 있을 때 오게 될 것인지, 또 아니면 밀물의 순간을 위해 깨어서 열심히 준비하고 있는 순간에 올 것인지 아무도 알 수가 없을 뿐이다.

≪역경≫에서는

군자장기어신 대시이동
君子臧器於身하여 待時而動이니라

(군자는 능력과 재능을 품고, 때를 기다려 움직인다.)

고 하였다. 여기서는 군자라 언급했지만, 세상의 모든 사람이 다 여기에 해당된다고 할 수 있을 것이다.

사람이 어떠한 일을 처리할 수 있고 소화할 수 있는 능력을 갖추고 나면, 세상은 그런 사람을 가만히 놔두지 않는다. 그 주인공은 자연스럽게 부각이 되기 마련이며, 그러다 보면 여러 환경과 사람들을 통하여 능력을 발휘할 수 있는 기회를 제공받게 된다.

기회는 시간을 잘 관리하는 사람에게 찾아온다

이러한 기회는 언제나 시간과 밀접한 연관성을 가지고 있다. 평소에 시간 관리를 잘해 가면서 기회를 맞을 준비를 해야 한다는 점에서 특히 그러하다.

≪인생필독≫에서는 누구에게나 언젠가는 분명히 기회가 있으니, 젊은 시절에 시간을 허비하지 말고 열심히 준비하라는 내용의 메시지를 다음과 같이 전하고 있다.

황하상유징청일 기가인무득운시
黃河尙有澄淸日인데 豈可人無得運時리오

(누런 황하도 물이 깨끗해질 날이 있는데, 어찌 사람에게 운 때를 얻을 날이 없을 수 있겠는가?)

고목봉춘유재발 인무양도재소년
枯木逢春猶再發이나 人無兩度再少年이라

(마른 나무는 봄이 되면 다시 피지만, 사람에겐 두 번 다시 젊음이 없다.)

위에서 운(運) 때라고 말한 "운시(運時)"가 곧 기회 아니겠는가? 두 번 다시 오지 않을 젊음을 허송세월한다는 것은 아무런 희망도 없고, 기대할 것도 없다는 것을 말해준다.

≪십팔사략≫에서는

대 우 성 인 내 석 촌 음　　중 인 당 석 분 음
大禹聖人乃惜寸陰이니 衆人當惜分陰이니라

(성인도 촌음을 아끼는데, 보통사람은 마땅히 분음을 아껴야 한다.)

참으로 아이러니한 것은, 상대적으로 부족한 점이 적은 성인 같은 사람들은 더욱 분발하여 촌음을 아끼며 노력하는데, 그렇지 못한 평범한 사람들은 오히려 더 무감각하게 살아가는 경우가 많다는 점이다. ≪천자문≫에서도

척 벽 비 보　　촌 음 시 경
尺璧非寶요 寸陰是競이니라

(한 자 되는 옥구슬도 결코 보배라고 할 수는 없다. 그보다 잠깐의 시간이 더욱 귀중하니 시간을 아껴야 한다.)

고 하여 한 자의 옥구슬보다 촌음의 시간이 더 중하다고 강조하고 있다.

▩ 우리들의 세월은 왜 한 번 가면 다시 오지 않는지요

중국 현대문학 작가, 주자청(朱自淸)이 쓴 <총총(匆匆)>을 보면, 역시 시간의 흐름이 너무 빨라 안타깝게 생각하는 마음이 잘 드러나 있다. 이 작품의 전문은 다음과 같다.

연 자 거 료　유 재 래 적 시 후　양 류 고 료　유 재 청 적 시
燕子去了，有再來的時候．楊柳枯了，有再靑的時

후　도 화 사 료　유 재 개 적 시 후　단 시　총 명 적　니 고
候．桃花謝了，有再開的時候．但是，聰明的，你告

소 아　아 문 적 일 자 위 심 마 일 거 불 부 반 니　시 유 인 투
訴我，我們的日子爲甚麽一去不復返呢？是有人偸

료 타 문 파 나 시 수 우 장 재 하 처 니 시 타 문 자 기 도
了他們吧. 那是誰? 又藏在何處呢? 是他們自己逃
주 료 파 현 재 우 도 료 나 리 니
走了吧. 現在又到了哪裏呢?

(제비가 가면 다시 올 때가 있습니다. 수양버들이 마르면 다시 푸를 때가 있습니다. 복사꽃이 시들면 다시 필 때가 있습니다. 그러나 똑똑한 이여, 저에게 가르쳐 주세요, 우리들의 세월은 왜 한 번 가면 다시 돌아오지 않는 건가요? 어떤 사람이 그들을 훔쳐갔나요? 그는 누굽니까? 또 어디에다 감춰 뒀나요? 그들 스스로 도망간 것인가요? 지금은 또 어디에 가 있습니까?)

아 불 지 도 타 문 급 료 아 다 소 일 자 단 아 적 수 확 호 시
我不知道他們給了我多少日子. 但我的手確乎是
점 점 공 허 료 재 묵 묵 리 산 저 팔 천 다 일 자 이 경 종 아
漸漸空虛了. 在默默裏算着, 八千多日子已經從我
수 중 류 거 상 침 첨 상 일 적 수 적 재 대 해 리 아 적 일 자
手中溜去. 像針尖上一滴水滴在大海裏, 我的日子
적 재 시 간 적 류 리 몰 유 성 음 야 몰 유 영 자 아 불 금
滴在時間的流裏, 沒有聲音, 也沒有影子. 我不禁
한 잠 잠 이 루 산 산 료
汗涔涔而淚潸潸了.

(나는 그들이 나에게 얼마나 많은 세월을 주었는지 모릅니다. 그러나 나의 손은 확실히 점점 공허해집니다. 가만히 계산을 해 보면 팔천여 일의 세월이 이미 나의 수중으로부터 빠져 달아나 버렸습니다. 마치 바늘 끝의 한 방울 물이 큰 바다에 뚝 떨어진 것과 같이 나의 세월은 시간의 흐름 속으로 떨어져 버렸습니다. 소리도 없이 그림자도 없이. 나는 땀이 흐르고 눈물이 흐름을 감출 수가 없습니다.)

거 적 진 관 거 료 래 적 진 관 래 저 거 래 적 중 간 우 즘
去的盡管去了, 來的盡管來着. 去來的中間, 又怎
양 지 총 총 니 조 상 아 기 래 적 시 후 소 옥 리 사 진 량 삼
樣地匆匆呢. 早上我起來的時候, 小屋裏射進兩三
방 사 사 적 태 양 태 양 타 유 각 아 경 경 초 초 지 나 이
方斜斜的太陽. 太陽他有脚啊, 經經悄悄地挪移
료 아 야 망 망 연 근 저 선 전 어 시 세 수 적 시 후 일
了. 我也茫茫然跟着旋轉. 於是, 洗手的時候, 日
자 종 수 분 리 과 거 흘 반 적 시 후 일 자 종 반 완 리 과
子從水盆裏過去. 吃飯的時候, 日子從飯碗裏過
거 묵 묵 시 편 종 응 연 적 쌍 안 전 과 거 아 각 찰 타 거
去. 默默時, 便從凝然的雙眼前過去. 我覺察他去

적 총 총 료 신 출 수 차 만 시 타 우 종 차 만 저 적 수 변 과
的匆匆了，伸出手遮挽時，他又從遮挽着的手邊過

거 천 흑 시 아 당 재 상 상 타 변 령 령 리 리 지 종 아 신
去．天黑時，我躺在床上，他便伶伶俐俐地從我身

상 과 과 종 아 각 변 비 거 료 등 아 정 개 안 화 태 양 재
上跨過，從我脚邊飛去了．等我睜開眼和太陽再

견 저 산 우 유 주 료 일 일 아 엄 저 면 탄 식 단 시 신 래
見，這算又溜走了一日．我掩着面歎息．但是新來

적 일 자 적 영 아 우 개 시 재 탄 식 리 섬 과 료
的日子的影兒又開始在歎息裏閃過了．

(가는 것은 아무런 구애됨이 없이 가고, 오는 것 역시 아무런 구애됨이 없이 오고 있습니다. 가고 오는 사이가 또 어쩌면 이렇게도 빠른지요. 아침에 내가 일어날 때면 작은 방안으로 두 세모의 비스듬한 햇빛이 비쳐 들어옵니다. 햇빛은 발을 가지고 있어서 살그머니 옮겨갑니다. 나도 멍하게 그를 따라 돌아갑니다. 그리하여 손을 씻을 때면 세월은 세숫대야 속으로 지나가 버리고, 밥을 먹을 때면 세월은 밥그릇 속으로 지나가 버립니다. 멍하니 있을 때면 멍하게 떠 있는 두 눈앞으로 지나가 버립니다. 세월이 지나감이 너무 빠른 것을 내가 알고는 손을 내밀어 가로막을 때면 그는 또 가로 막고 있는 두 손가로 지나가 버립니다. 날이 어두워 내가 침대에 누우면 그는 또 영리하게도 나의 몸 위를 가로 질러 다리 사이로 지나가 버립니다. 내가 눈을 뜨고 태양을 다시 보게 되면 이것은 또 하루가 지나가 버린 셈이 됩니다. 나는 얼굴을 가리고 탄식을 합니다. 그러나 새로 오는 세월의 그림자는 또 탄식하고 있는 중에 번개같이 지나가기 시작합니다.)

재 도 거 여 비 적 일 자 리 재 천 문 만 호 적 세 계 리 적 아
在逃去如飛的日子裏，在千門萬戶的世界裏的我

능 주 사 심 마 니 지 유 배 회 파 료 지 유 총 총 파 료 재
能做些甚麼呢？祗有徘徊吧了，祗有匆匆吧了．在

팔 천 다 일 적 총 총 리 제 배 회 외 우 잉 사 심 마 니 과
八千多日的匆匆裏，除徘徊外，又剩些甚麼呢？過

거 적 일 자 여 경 연 피 미 풍 취 산 료 여 박 무 피 초 양
去的日子如輕煙，被微風吹散了，如薄霧，被初陽

증 융 료 아 유 저 사 심 마 흔 적 니 아 하 증 유 착 상 유 사
蒸融了，我留着些甚麼痕迹呢？我何曾留着像游絲

양 적 흔 적 니 아 적 나 나 래 도 저 세 계 전 안 간 야 장 적
樣的痕迹呢？我赤裸裸來到這世界，轉眼間也將赤

나 나 적 회 거 파 단 불 능 평 적 위 심 마 편 백 백 주 저 일
裸裸的回去吧？但不能平的，爲甚麼偏白白走這一

조 아
遭啊？

(날아서 도망을 가는 것 같은 세월 속에서, 수많은 사람이 사는 이 세상 속의 나는 무엇을 할 수 있습니까? 단지 배회할 뿐이며, 단지 바쁠 뿐입니다. 팔천 여일의 세월 속에서 바삐 움직이고 배회하던 것을 제외하고 나면 또 뭐라도 좀 남긴 것이 있습니까? 지난 세월은 마치 가벼운 연기와도 같이 미풍에 의해 날아가 버렸고, 마치 엷은 안개와도 같이 아침 햇살에 증발되어 버렸는데, 나는 어떤 흔적이라도 남긴 것이 있습니까? 나는 거미줄 따위의 흔적이라도 남긴 적이 있습니까? 나는 벌거숭이로 이 세상에 왔다가 눈 깜박할 사이에 또 벌거숭이로 돌아가야만 하겠지요? 그러나 공평하지 못한 것이여, 왜 헛되이 이렇게 지내야만 하나요?)

니 총 명 적　고 소 아　아 문 적 일 자 위 심 마 일 거 불 부 반 니

你聰明的，告訴我，我們的日子爲甚麽一去不復返呢？

(똑똑한 당신이여, 저에게 가르쳐 주세요, 우리들의 세월은 왜 한 번 가면 다시 오지 않는 건가요?)

다소 인용한 문장이 길었지만, 한 편의 산문치고는 그리 길지 않은 편이다. 중요한 것은 이 글이 이제 갓 "8,000여 일"의 세월을 보낸 22살의 청년 손에서 나왔다는 점이다.

특별히 시간을 귀하게 여기면서 자신의 장래를 위해 많은 능력을 온축(蘊蓄)해야 할 때가 청년기이겠지만, 그 시기를 벗어난 사람들은 시간을 좀 덜 중요하게 여겨도 좋다는 말은 결코 아님을 우리는 잘 알고 있다.

기회는 항상 우리들 눈앞에 있음을 잊지 않았으면 좋겠다. 분명한 비전을 가지고 그것을 실현시키고자 하는 확고한 의지를 변함없이 견지해 간다면, 기회는 분명 우리 곁으로 찾아오게 될 것이며, 그 기회는 이 같은 정신으로 사는 인생에게 멋진 꽃을 피우게 해 줄 것이다.

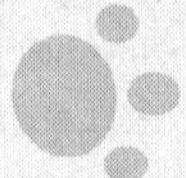

생각나누기

1. 藏器於身待時而動(장기어신대시이동) :

2. 黃河尙有澄淸日(황하상유징청일) :

3. 豈可人無得運時(기가인무득운시) :

4. 枯木逢春猶再發(고목봉춘유재발) :

5. 人無兩度再少年(인무량도재소년) :

6. 尺璧非寶寸陰是競(척벽비보촌음시경) :

7. 日子一去不復返(일자일거불부반) :

제25강 시련(試鍊)

▩ 흔들리지 않고 피는 꽃이 어디 있으랴

도종환의 시 <흔들리며 피는 꽃>을 읽다보면 자연스럽게 우리의 삶을 되돌아보게 된다.

> 흔들리지 않고 피는 꽃이 어디 있으랴 / 이 세상 그 어떤 아름다운 꽃들도 / 다 흔들리면서 피었나니 / 흔들리면서 줄기를 곧게 세웠나니 / 흔들리지 않고 가는 사랑이 어디 있으랴 / 젖지 않고 피는 꽃이 어디 있으랴 / 이 세상 그 어떤 빛나는 꽃들도 / 다 젖으며 젖으며 피었나니 / 바람과 비에 젖으며 꽃잎 따뜻하게 피웠나니 / 젖지 않고 가는 삶이 어디 있으랴

사람도 마찬가지다. 흔들리지 않고 성장하는 인생이 어디 있으랴? 그 어떤 성공한 인생도 다 흔들리면서 이루었나니…….

그렇기에 윈스턴 처칠도 성공에 대하여 이렇게 말한다. "성공이란 반복되는 실패 가운데에서도 열정을 잃지 않는 능력이다."라고. 그렇다. 우리도 살아가면서 설령 실패나 역경 같은 어려움이 반복되는 경우가 있더라도 좌절하지 말고, 두 주먹 불끈 쥐고 다시 일어나 필사적으로 도전해보겠노라는 불굴의 정신을 잃지 않는 것이 중요한 것이다.

제갈량의 <병법이십사편(兵法二十四篇)>에 다음과 같은 말이 나온다.

> 욕 사 기 성 　 필 려 기 패
> **慾思其成이면 必慮其敗하라**
>
> (성공할 것을 생각한다면, 반드시 실패도 고려해야 한다.)

이 말은 성공으로 가는 과정 속에는 반드시 실패도 있을 수 있다는 말이다.

실패나 시련이 무서워 어떤 일을 시작도 하지 못한다면 얼마나 어리석은 일인가? 물론 아무 일이나 무턱대고 시작하자는 말은 결코 아니다. 이런 면에서 "삼사이행 백절불굴(三思而行 百折不屈)"의 의미를 잘 이해하면 좋을 것 같다. 즉 "세 번을 생각해 본 후에 행하되, 백 번 꺾이더라도 물러나지 않는다."는 말이다. "삼사(三思)"는 여러 번 깊이 생각해야 된다는 것을 의미하고, "백절(百折)"은 수많은 시련과 고난을 의미한다. 심사숙고 끝에 일단 의미 있는 일이라는 판단이 섰을 때는 필사적으로 노력하라는 이 말은 누구나가 자신의 좌우명처럼 붙들고 살아도 좋을 것이다.

미국의 영화감독 우디 앨런은 "한 번도 실패하지 않았다는 건 새로운 일을 전혀 시도하지도 않고 있다는 신호다."라고 하였다. 행간의 깊은 뜻을 이해할 줄 알아야 할 것이다.

미국의 오스왈드 에이버리는 DNA가 세포의 기본적인 유전물질이라는 사실을 최초로 밝혀낸 사람이다. 그 사람이 평소에 너무 실패를 많이 하니까 주변 사람들이 안타까워서"계속 넘어지는 실패만 하니 지치지 않느냐?"고 물었단다. 그랬더니 그는 슬며시 웃으면서 "아니요, 넘어질 때마다 뭔가를 주워서 일어나거든요." 라고 대답했다는 것이다.

그렇다. 그래서 ≪명심보감≫에서도

불경일사 부장일지
不經一事면 不長一智니라

(한 가지 일을 겪지 않으면, 한 가지 지혜가 자라지 않는다.)

라고 하였다. 실패와 고난으로 얻게 되는 유익을 언급하고 있는 것이다.

세계적인 홈런왕, 삼진아웃도 가장 많았다

야구 선수 베이브 루스하면 사상 최고의 전설적인 홈런왕으로 야구팬들의 영웅으로 대접받아 왔지만, 알고 보면 그는 또 야구경기가 탄생한 이래 삼진아웃을 가장 많이 당한 선수였다는 밝지 않은 꼬리표도 달고 다닌 사람이다. "인내는 쓰고 그 열매는 달다."는 이 익숙한 속담을 우리는 생활 속에서 수없이 경험하고 목도하고 있기에 누구나가 또 언제나 쉽게 이 표현을 애용하곤 한다.

윈스턴 처칠은 인생에 있어서의 중요한 교훈을 한 문장으로 압축하여 이렇게 말한 바 있다. "절대로 포기하지 말라. 절대로, 절대로 포기하지 말라"라는 뜻으로, "Never give up, Never Never give up"이라고. 포기하지 않는다는 말은 인내한다는 말과 깊은 관계를 가진다. 그래서 중국 속담에서는 이렇게 말하고 있다.

득 인 차 인 득 내 차 내
得忍且忍하고 得耐且耐하라

(참고 또 참아야 하며, 견디고 또 견디어야 한다.)

불 인 불 내 파 사 농 괴
不忍不耐면 把事弄壞라

(참지 않고 견디지 않으면, 일을 망치고 만다.)

성공이란 포기하지 않은 마라톤 선수가 마지막 골인 지점까지 끝까지 달린 후에 거머쥐게 되는 우승의 트로피와 같은 것이라 할 수 있다. 이렇듯 성공이란 절대로 중도에 포기한 사람에게까지도 아무렇게나 쉽게 쥐어주는 노리개 같은 그런 것이 아닌 것이다.

▒ 불행에 또 불행이 겹쳤을 때

그런데 세상에는 "설상가상(雪上加霜)"이라는 한자성어처럼, 불행이 겹친 데 또 겹쳐 도저히 재기가 불가능할 것만 같은 그런 순간도 없잖아 있을 수 있다. 이런 힘든 지경을 ≪인생필독≫에서는 다음과 같이 비유를 하고 있다.

옥 루 갱 조 연 야 우　선 파 우 우 대 두 풍
屋漏更漕連夜雨요 船破又遇對頭風이라

(지붕에 비가 새는데 또 연일 밤비를 만나게 되고, 파선(破船)이 되었는데 또 앞쪽에서 부는 역풍을 만나게 된다.)

참으로 난감하지 않을 수 없다. 이럴 때 우리는 노자(老子)의 말에서 위로를 받고 희망을 찾았으면 좋겠다. 그는 말하기를,

화 복 지 소 의　복 화 지 소 복
禍福之所依요 福禍之所伏이니라

(화는 복 속에 의지해 있고, 복은 화 속에 엎드려 숨어 있다.)

라고 하였다.

"오늘 이 불행이 내 인생의 숨통을 조이는 마지막 단계로구나." 그렇게 생각되던 그 엄청난 일도, 조금만 시간이 지난 뒤에 돌이켜 보면 그렇게 낙담하고 호들갑 떨지 않았어도 될 만한 일이었다고 생각되는 그런 경우도 많지 않던가? 그래서 하늘이 무너지고 우주가 끝나버릴 것 같은 당혹스런 불행 앞에서도 우리는 냉정을 찾으려 노력하면서 극단적인 행동은 절대로 생각하지 말아야 한다. 이럴 때 우리가 할 일은 재기의 기회를 위해 다시 밥술을 뜨며 주먹을 쥐는 일이다.

실제로 불행을 통해 인생이 더 업그레이드 된 "전화위복(轉禍爲福)"의 사례들은 주위에 쌔고 쐈다.

어떤 시련과 불행이 닥쳤을 때, 그것을 받아들이는 마음이 중요하지 않을 수 없다. "어찌 이런 일이 하필 나에게……"라는 원망이 충분히 이해될 수 있다.

그러나 끝까지 불행한 현실을 제대로 받아들이지 못하고 순응하지 못하면 결과적으로 더 좋지 못한 결과만 가져올 뿐이다. 이런 경우, ≪명심보감≫의 다음과 같은 말을 통해 그 어떤 일을 당했다 할지라도 대수롭지 않은 듯 의연하게 받아들일 때, 분명 호전의 속도는 더욱 빨라지고, 회복의 기간은 더욱 짧아지게 될 것이다.

천 유 불 측 풍 우 　　인 유 조 석 화 복
天有不測風雨하고 人有朝夕禍福이니라

(하늘에는 예측할 수 없는 비바람이 있고, 사람에겐 조석으로 화와 복이 있다.)

하늘의 자연현상인 비바람을 우리는 자연스럽게 이해하고 받아들인다. 인간세상의 수많은 화(禍)도 이와 같이 생각하자는 것이다. 불행을 당한 당사자의 당혹스런 마음을 이해하지 못하는 것은 아니지만, 궁극적으로 자신에게 더 큰 고통과 불행을 가중시키지 않기 위해서는 “이번에 내 차례가 되었구나.”하고 긍정적으로 받아들이고, 이를 슬기롭게 인내하며 그 화에 대처하는 것이 가장 바람직한 태도일 것이다. ≪신음어≫에서는

인 격 이 자 시 화 복 관
忍激二字是禍福關이니라

(‘참을 인’과 ‘과격할 격’, 이 두 글자는 행복과 불행의 경계가 된다.)

라고 하였다. 즉 참는 자에게 행복이 오고, 과격하게 거부하려는 자에게는 불행이 오게 된다는 말이다. 또 ≪명심보감≫에서는 힘들게 살아가는 사람들에게 다음과 같은 말로 희망을 주고 있다.

천 불 생 무 록 지 인 　　지 부 장 무 명 지 초
天不生無祿之人하고 地不長無名之草니라

(하늘은 녹 없는 사람을 내지 않고, 땅은 이름 없는 풀을 기르지 않는다.)

하늘은 무심코 사람을 만들지 않고, 땅은 아무 책임 없이 그냥 풀을 만들어 내놓지 않는다는 이 말에서 우리들 중 시련 속에 있는 자가 있다면 크게 위로 받고 힘을 낼 수 있을 것 같다. 또 중국 속담에서는

노 천 아 불 사 인
老天餓不死人이니라

(하늘이 있는 한 굶어 죽을 리는 없다.)

라고 하고 있으며, 또

흘 일 참 　 장 일 지
吃一塹에 長一智니라

(한번 실패하면 그만큼 영리해진다.)

라고 하였다. 그리고 ≪채근담≫에서는 "복구자비필고(伏久者飛必高)"라고 하여 기다림의 지혜를 강조하고 있다. 즉 "오래 웅크린 사람이 높이 난다."는 이 말은 시련을 감내하면서 오랫동안 꾸준히 준비하며 기다리던 사람은 마침내 크게 성공할 수 있다는 희망의 말이다.

역경과 고난이 우리에게 주는 유익

일본에서 어떤 조사결과를 하나 내 놓았는데, 역경이나 고난과 연관시켜 생각해 볼만한 자료라 할 수 있다.

어느 고등학교에서 학생들이 졸업을 하기 전에, 사람들이 가장 싫어하는 일이나 가장 밑바닥 일이라고 생각되는 일을 필수적으로 경험해보도록 쓰레기장을 청소하게 하고 동물 사육장의 배설물을 치우도록 했다는 것이다. 그리고 졸업 후에 조사를

해 보았더니 그 학교 졸업생들의 직장 이직률이 가장 적었고, 어지간한 시련에는 쉽사리 굴하지 않는 강인한 정신을 가지고 성공적인 삶을 살아가고 있더라는 이야기다.

우리들의 삶에 혹시 시련이 있더라도, 간혹 포기하고 싶은 마음이 간절한 그런 순간이 있더라도 조금만 더 인내하고 인내하여 "역경의 산물"이라고 하는 성공을 직접 확인해 볼 수 있었으면 좋겠다.

로버트 슐러가 말하는 "실패가 주는 교훈"은 우리에게 많은 가르침을 준다. 참고로 특정 종교에 관련된 항목 하나만 제외하고 열 항목을 소개하면 다음과 같다.

- 실패는 당신이 실패자임을 의미하는 것이 아니다. 그것은 아직 성공하지 못했다는 것을 의미할 뿐이다.
- 실패는 당신이 아무것도 성취하지 못했다는 것을 의미하는 것이 아니다. 그것은 무엇인가를 새로 배웠다는 것을 의미할 뿐이다.
- 실패는 당신이 바보였음을 의미하는 것이 아니다. 그것은 당신이 많은 신념을 가졌음을 의미할 뿐이다.
- 실패는 당신의 체면이 손상되었음을 의미하는 것이 아니다. 그것은 뭔가 시도하고자 했음을 의미할 뿐이다.
- 실패는 당신이 소유하지 못했음을 의미하는 것이 아니다. 그것은 다른 방법으로 뭔가 해야 함을 의미할 뿐이다.
- 실패는 당신이 열등함을 의미하는 것이 아니다. 그것은 아직 완전하지 못함을 의미 할 뿐이다.
- 실패는 당신이 인생을 낭비했음을 의미하는 것이 아니다. 그것은 새 출발할 이유가 있음을 의미할 뿐이다.
- 실패는 당신이 포기해야 함을 의미하는 것이 아니다. 그것은 더 열심히 해야 함을 의미할 뿐이다.
- 실패는 당신이 결코 할 수 없음을 의미하는 것이 아니다. 그것은 더 열심히 해야 함을 의미할 뿐이다.
- 실패가 당신을 실패하게 만드는 것이 아니다. 다만 중단하는 것만이 실패하게 만들 뿐이다.

결론적으로, 실패는 우리가 원하는 것이 아니지만, 어쩔 수 없이 실패를 했을 경우 이상의 여러 의미들을 잘 새겨보면 큰 도움이 될 것이다.

생각나누기

1. 欲思其成必慮其敗(욕사기성필려기패) :

2. 三思而行百折不屈(삼사이행백절불굴) :

3. 不經一事不長一智(불경일사불장일지) :

4. 得忍且忍得耐且耐(득인차인득내차내) :

5. 不忍不耐把事弄壞(불인불내파사농괴) :

6. 雪上加霜(설상가상) :

7. 屋漏更遭連夜雨(옥루경조련야우) :

8. 船破又遇對頭風(선파우우대두풍) :

9. 禍福之所依(화복지소의) :

10. 福禍之所伏(복화지소복) :

11. 轉禍爲福(전화위복) :

12. 天有不測風雨(천유불측풍우) :

13. 人有朝夕禍福(인유조석화복) :

14. 忍激二字是禍福關(인격이자시화복관) :

15. 天不生無祿之人(천불생무록지인) :

16. 地不長無名之草(지불장무명지초) :

17. 老天餓不死人(로천아불사인) :

18. 吃一塹長一智(흘일참장일지) :

19. 伏久者飛必高(복구자비필고) :

제26강 용모(容貌)

▒ 단정한 용모와 호감을 주는 첫 인상

용모는 사람의 얼굴 모양을 말하는데, 그 사람을 대표하는 간판과도 같은 상징물이다. 따라서 용모는 사람을 평가하는데 중요한 기준이 될 뿐만 아니라, 첫인상을 결정짓는데도 결정적인 역할을 하게 된다. 그리고 이 용모는 상대방의 신뢰 정도를 결정하는 데에도 큰 영향을 주며, 나아가서는 일의 성과에까지도 큰 영향력을 미치게 된다.

한 조사에 따르면, 회사에서 직원을 선발할 때 약 20분간 면접을 본다면 대부분의 경우 면접관은 시작 후 4분만에 이미 결정을 내린다고 한다. 어떤 경우에는 지원자가 면접실에 들어오는 순간 약 7초만에 그 사람이 적임자인지를 직감적으로 판단할 수 있다고 한다. 이와 같이 빠른 결정을 내릴 수 있는 그 판단 기준은 바로 용모와 첫인상이라는 것이다. 그만큼 현대인에게 있어서 용모는 사람의 인품과 능력을 가늠하는 잣대가 되고 있다. 그래서 특히 구직자나 고객을 상대하는 사람들은 용모에 대단히 신경을 많이 쓰고 있고, 또 상대에게 좋은 인상을 주기 위해 많은 노력을 기울이고 있다.

실제로 호감이 가는 용모는 상대방의 마음을 좋게 유도하는데 유효하며, 자신의 행동에도 그 용모와 어울릴 수 있도록 알게 모르게 영향을 주게 되어, 좋은 용모를 가지는 것은 여러 모로 자신에게 유익이 아닐 수 없다.

≪사자소학≫에서는 "구용(九容)", 즉 "아홉 가지 용모"라 하여 얼굴 부위에 관계된 내용뿐만 아니라, 자신의 인품이 드러나 보일 수 있는 다른 신체 부위의 가장 이상적인 모습을 자세하게 설명해 주고 있다.

족용필중　　　수용필공　　　목용필단
足容必重하고 手容必恭하며 目容必端하라

(발의 용모는 반드시 무겁게 하며, 손의 용모는 반드시 공손하게 하며, 눈의 용모는 반드시 단정하게 하라.)

구 용 필 지　　성 용 필 정　　두 용 필 직
口容必止하고 聲容必定하며 頭容必直하라

(입의 용모는 반드시 듬직하게 하고, 소리의 용모는 반드시 조용하게 하며, 머리의 용모는 반드시 곧게 하라.)

기 용 필 숙　　입 용 필 덕　　색 용 필 장
氣容必肅하고 立容必德하며 色容必莊하라

(숨을 쉴 때의 용모는 반드시 엄숙하게 하고, 서 있는 모습은 반드시 덕이 있게 하며, 얼굴 용모는 반드시 씩씩하게 하라.)

경망스럽지 않은 발걸음, 공손한 손놀림, 똑바른 시선, 듬직한 입, 조용한 말씨, 곧게 세운 두상, 안정된 호흡, 덕스럽게 선 자세, 씩씩한 표정을 강조한 이 아홉 가지 용모는 그 어떤 시대나 민족을 불문하고 사람들이 기본적으로 갖추면 유익할 덕목이 아니겠는가?

그런데, ≪사자소학≫에서는 이렇게 겉으로 드러나 보이는 "구용(九容)"도 내적인 수양이 되지 않고서는 훌륭한 인품이 겉으로 발현되기 어렵다고 보고, 책에서는 내적 수양에 필요한 덕목 아홉 가지를 강조하고 있으니 "구사(九思)"가 곧 이것이다.

시 필 사 명　　청 필 사 총　　색 필 사 온
視必思明하고 聽必思聰하며 色必思溫하라

(볼 때에는 반드시 밝게 볼 것을 생각하고, 들을 때에는 반드시 밝게 들을 것을 생각하며, 얼굴빛은 반드시 온화하게 할 것을 생각하라.)

모 필 사 공　　언 필 사 충　　사 필 사 경
貌必思恭하고 言必思忠하며 事必思敬하라

(용모는 반드시 정중하게 할 것을 생각하고, 말은 반드시 성실하게 할 것을 생각하고, 일은 반드시 공손하게 할 것을 생각하라.)

의 필 사 문　　분 필 사 난　　견 득 사 의
疑必思問하고 忿必思難하며 見得思義하라

(의심나는 것은 반드시 물을 것을 생각하고, 분노가 날 때에는 반드시 후환을 생각하며, 얻을 것을 보면 의를 생각해야 한다.)

진실 된 마음으로 밝은 것, 온화한 것, 정중한 것, 성실한 것, 공손한 것만을 생각하면서, 잘 모르는 것은 묻고, 어려울 때가 있을 것을 생각하여 분함을 참으며, 의에 합당한 이익을 추구할 때, 어찌 용모가 아름다워지지 않겠는가?

▒ 웃는 얼굴은 좋은 사람과 기회를 연결시켜 준다

사람은 마음먹기에 따라, 생각하기에 따라 그 결과가 판이하게 달라진다는 의미를 강조하기 위해 만들어진 다음과 같은 우화가 있다.

어느 한 추장이 손자에게 인간 내면의 싸움에 대해 이렇게 설명했단다.

"우리들 마음속에 싸움이 일어나고 있는데, 두 마리 늑대 간의 싸움이란다. 한 마리는 질투와 슬픔 · 탐욕 · 거짓 · 이기심 등 안 좋은 것만 가진 녀석이고, 다른 한 마리는 사랑과 소망 · 겸손 · 친절 · 동정심과 같은 좋은 것만 가진 녀석이란다."

손자가 추장 할아버지에게 어떤 늑대가 이기게 되냐고 묻자, 추장은 간단하게 답하였단다. "우리가 먹이를 주는 녀석이 이긴다."라고.

우리들의 마음속에 있는 두 마리 늑대 중 한 마리에게 ≪사자소학≫에서 말하고 있는 "구사(九思)"의 내용을 먹이로 준다면 분명 그 녀석이 승리할 것으로 확신할 수 있을 것이다. 그래서 겉으로 드러나는 용모는 마음 속 생각에서 출발함을 잊지 말아야 할 것이다.

아름다운 용모에는 웃음이 큰 몫을 한다. 그래서 시인 에머슨은 이런 말로 웃음의 중요성을 강조하고 있다. "웃음은 기회를 만들어준다. 기회는 자기를 웃게 만들 줄 아는 그 소수의 사람에게만 미소를 보내는 숙녀다. 화를 내지 말라. 그대가 화나 있는 1분마다 그대는 60초간의 행복을 잃는다."고.

그래서 옛날 우리 선조들도 "한 번 웃으면 한 번 젊어진다."는 뜻으로 "일소일소(一笑一少)"라고 말하기도 하고, 또 "웃는 집안에 만복이 찾아온다."는 뜻으로 "소문만복래(笑門萬福來)"라고 하기도 하였다. 그러나 웃음이라고 무조건 다 좋은 것은 아니다. 장소에 따라서 적절하게 표현하는 것이 아름다운 용모를 더욱 돋보이게 하기 때문이다.

한자성어 중에는 여러 가지 웃음의 종류가 있다. 상대방의 기분에 따라 얼굴을 찡그리기도 하고 웃음을 보이기도 하는 "일빈일소(一嚬一笑)", 즐거워서 입이 찢어지게 웃는 "파안대소(破顔大笑)", 껄껄껄 소리 내어 웃는 "가가대소(呵呵大笑)", 어이가 없어 하늘을 쳐다보며 웃는 "앙천대소(仰天大笑)", 너무 우스워서 손뼉을 치면서 웃는 "박장대소(拍掌大笑)", 그리고 너무 우습고 즐거워 배꼽이 빠질까 봐 배를 부여잡고 웃는 "봉복절도(捧腹絶倒)" 등등 여러 종류의 웃음들이 있다.

"웃는 얼굴에 침 못 뱉는다."는 "진권불타소면(嗔拳不打笑面)"이란 속담은 용모에서의 웃음이 차지하는 그 크기를 잘 설명해 준다. 쌀쌀한 태도로 비웃는 "냉소(冷笑)"나, 남을 비방하여 웃는 "비소(誹笑)" 같은 웃음은 아름다운 용모를 가꾸는데 피해야 할 가장 대표적인 웃음이다.

그러나 공자는 순간적인 용모나 태도로 사람을 판단할 때 우를 범하지 않기를 역설한다. ≪사기≫에 보면 다음과 같은 공자의 이야기가 소개되고 있다.

오 이 언 취 인　실 지 재 여　이 모 취 인　실 지 자
吾以言取人에 失之宰予하고 以貌取人에 失之子

우
羽니라

(나는 말 잘하는 것만으로 사람을 취했다가 재여를 잘못 보았고, 용모로만 사람을 판단했다가 자우를 잘못 보았다.)

결론인즉, 말재주나 용모만으로 사람을 판단했다가 큰 실수를 할 뻔 했다는 고백이다.

공자에게는 수많은 제자들이 있었다. 그중에 재여(宰予)란 자가 말을 너무 잘하고 첫인상이 좋아서 기대를 하였다. 그런데 시간이 갈수록 그에게는 인덕도 부족하고 아주 게으르다는 것을 알게 되었다. 그래서 "썩은 나무에는 조각을 할 수 없다."는 "후목불가조(朽木不可雕)"라는 말로 그를 나무라기도 하였다. 또 한 명의 제자가 있었다. 자우(子羽), 즉 담대멸명(澹臺滅明)이다. 용모가 아주 추했지만, 공자를 잘 모시고자 하였다. 자질도 떨어지고 재목이 될 가망성이 없다고 판단하였지만, 알고 보니 자신을 수양하고 일을 아주 공명정대하게 처리하면서 명성을 떨치게 되었다는 것이다. 그래서 공자는 너무 첫인상으로 사람을

재단하다보면 큰 실수를 할 경우도 생긴다는 가르침을 주게 된 것이다.

▒ 단정한 용모, 예의의 기본이다

단정한 용모를 가진 사람은 자연스럽게 몸가짐도 단정하게 하려고 신경을 쓰고, 태도도 부지불식간에 그에 걸맞게 따라간다는 점에서 용모가 중요하다 할 것이다. ≪천자문≫에서는 몸가짐과 행동을 다음과 같이 말한다.

속 대 긍 장　　　배 회 첨 조
束帶矜莊하고 徘徊瞻眺니라

(허리띠는 잘 묶고 옷차림은 의젓하게 하며, 유유히 걸으면서 먼 곳을 바라본다.)

윗글 중, 앞 네 글자는 옛날에 조정을 드나들 때 갖추어야 할 바른 의관(衣冠)과 의젓한 위의(威儀)를 강조한 내용이고, 뒤의 네 글자는 잔망스런 걸음걸이를 피하고 믿음직한 시선처리를 강조한 내용이다. 물론 현대사회의 옷차림은 옛날과 많이 달라서 위에서 말하는 것과 꼭 같이 할 수는 없지만, 바른 차림새를 유지하라는 속뜻을 잘 읽어야 할 것이다. "예는 형식이 아니라 마음이라."는 말도 있지만, 사람이 갖추어야 할 기본적인 예를 무시한 마음의 표현이란 있기 힘든 일이다.

≪격몽요결≫에서는

인 지 용 모　　불 가 변 추 위 연　　여 력　　불 가 변 약
人之容貌는 不可變醜爲姸이며 膂力은 不可變弱
위 강　　신 체　　불 가 변 단 위 장　　차 즉 이 정 지
爲强이며 身體는 不可變短爲長이니 此則已定之
분　　불 가 개 야
分이라 不可改也니라

(사람의 용모는 추한 것을 예쁘게 변경시킬 수 없으며, 체력은 약한 것을 강하게 변경시킬 수 없으며, 신체는 짧은 것을 길게 변경시킬 수 없다. 이런 것들은 이미 결정되어 구분된 것이기에 바꿀 수가 없다.)

이 말은 속뜻을 잘 이해해야 할 것이다. 즉, 태어날 때부터 만들어져 나온 얼굴 형태나 뼈대나 힘, 그리고 신체 등은 물리적으로 고칠 수가 없으므로, 이런 점보다는 내면적 아름다움을 위해 노력하라는 말을 하기 위한 것이다. 그래서 글은 이어서

유유심지 즉가이변우위지 변불초위현
惟有心志는 則可以變愚爲智하며 變不肖爲賢이니
차즉심지허령 불구어품수고야
此則心之虛靈이 不拘於稟受故也라

(오직 마음의 의지만은 어리석은 것을 슬기롭게 변화시킬 수 있고, 불초한 것을 어질게 변화시킬 수 있으니, 이는 곧 마음의 영험함이 선천적으로 타고난 것에 구애받지 않기 때문이다.)

라고 하였다. 그리고 또 이어서

막미어지 막귀어현 하고이불위현지
莫美於智하며 莫貴於賢이어늘 何苦而不爲賢智하
이휴손천소부지본성호 인존차지 견고
여 以虧損天所賦之本性乎아 人存此志하여 堅固
불퇴 즉서기호도의
不退면 則庶幾乎道矣리라

(지혜로운 것보다 아름다운 것이 없으며, 어진 것보다 귀한 것이 없거늘 무엇이 괴로워서 어질고 지혜로운 것을 실천하지 아니하여, 하늘이 부여한 본성을 훼손하는가? 사람들이 이런 뜻을 마음에 보존하여 굳게 지키며 물러서지 않는다면 거의 도에 가깝게 될 것이다.)

라고 하였다. 그러나 요즘 세상은 의학의 발달로 인하여 윗글 서두에서 말한 내용에 대하여 반론이 많을지 모르겠다. 하지만 역시 행간의 건강한 정신을 찾아낼 수 있는 우리들의 지혜가 필요한 대목이다.

생각나누기

1. 足容必重手容必恭目容必端(족용필중수용필공목용필단) :

2. 口容必止聲容必靜頭容必直(구용필지성용필정두용필직) :

3. 氣容必肅立容必德色容必莊(기용필숙립용필덕색용필장) :

4. 視必思明聽必思聰色必思溫(시필사명청필사총색필사온) :

5. 貌必思恭言必思忠事必思敬(모필사공언필사충사필사경) :

6. 疑必思問忿必思難見得思義(의필사문분필사난견득사의) :

7. 一笑一少(일소일소) :

8. 笑門萬福來(소문만복래) :

9. 一嚬一笑(일빈일소) :

10. 破顔大笑(파안대소) :

11. 呵呵大笑(가가대소) :

12. 仰天大笑(앙천대소) :

13. 拍掌大笑(박장대소) :

14. 捧腹絶倒(봉복절도) :

15. 嗔拳不打笑面(진권불타소면) :

16. 莫美於智(막미어지) :

17. 莫貴於賢(막귀어현) :

제27강 대화(對話)-1

▒ 사람을 이롭게 하는 말은 솜처럼 따뜻하다

사람들이 소통을 하고 교제를 하는데 있어서 대화는 대단히 중요한 요소다. 그리고 대화는 서로가 표현하는 말로써 진행이 되기 때문에, 그 말의 색깔과 표현의 정도에 따라서 대화의 흐름 및 결과에 큰 영향을 미치게 된다. 따라서 말과 대화는 고금을 막론하고 언제나 조심해야 할 요소로 강조되어 왔다.

당연히 말은 남녀노소를 막론하고 누구에게나 중요한 것이지만, 옛날에는 특히 남자가 말을 할 때는 신중하게 할 것을 강조해 왔다. 그리고 중국 당나라 때에는 "신언서판(身言書判)"이라는 네 가지 기준으로 관리들을 선출하였으며, 그 이후로도 이 "용모"와 "말씨"와 "문필"과 "판단력" 네 가지 기준은 사람을 선택하는데 중요한 기준이 되어 왔다.

이 때의 "언(言)"은 때와 장소는 물론이고 상대가 누구인지 그 대상에 따라서 알맞게 자기 의사를 조리 있게 전달하는 화술을 말한다. 물론 이 화술은 남에게 좋게 보이기 위해서, 혹은 남을 속이기 위해서 번지르르하게 하는, 혹은 유창하게 하는 말이나, 감언이설(甘言利說)과는 전혀 거리가 먼 것이다. 한문 속담에 보면

병 종 구 입 　　　화 종 구 출
病從口入하고 禍從口出이라

(병은 입으로 들어오고, 화는 입으로부터 나온다.)

라고 하였는데, 이는 많이 먹고 마신 음식 탓으로 인하여 병이 생기게 되고, 잘못 뱉은 말 한마디가 화로 되어 돌아온다는 말이다. 그래서 ≪명심보감≫에서는 주문공(朱文公)의 말을 인용하여 "수구여병(守口如甁)"이라 하였다. 즉, "입을 지키기를 병과 같이 하라."는 말인데, 이는 입이란 재앙의 원인이 될 수도 있기 때문에 병마개 막듯이 입을 꼭 다물고 조심하라는 의미이다.

이와 비슷한 내용으로 ≪명심보감≫에 다음과 같이 차례로 더욱 자세한 가르침을 소개해 주고 있다.

언불중리 불여불언
言不中理면 不如不言이니라

(말이 이치에 맞지 않으면, 말을 하지 아니한 것만 못하다.)

일언불중 천어무용
一言不中이면 千語無用이니라

(한 마디 말이 맞지 않으면, 천 마디 말이라도 쓸모가 없다.)

구설자 화환지문 멸신지부야
口舌者는 禍患之門이요, 滅身之斧也니라

(입과 혀는 화와 우환의 문이요, 몸을 망치는 도끼이다.)

리인지언 난여면서 상인지어 리여형극
利人之言은 煖如綿絮하고 傷人之語는 利如荊棘
일언반구 중치천금 일어상인 통여
이라 一言半句에 重値千金이요 一語傷人에 痛如
도할
刀割이니라

(사람을 이롭게 하는 말은 솜처럼 따뜻하고, 사람을 해치는 말은 가시처럼 날카롭다. 반 마디의 말이라도 중요하기가 천금의 가치를 가지며, 한 마디 말이 사람을 해칠 때는 칼로 자르듯이 아프다.)

구시상인부 언시할설도 폐구심장설 안
口是傷人斧요 言是割舌刀니 閉口深藏舌하면 安
신처처뢰
身處處牢니라

(입은 사람을 해치는 도끼요, 말은 혀를 베는 칼이니, 입을 막고 혀를 깊이 감추면 편안한 몸으로 어디서나 보호를 받을 수 있다.)

봉인차설삼분화 미가전포일편심 불호생
逢人且說三分話하여 未可全抛一片心이라 不虎生
삼개구 지공인정양양심
三個口하고 只恐人情兩樣心하라

(사람을 만나서 잠시 3할 정도의 대화를 주고받되, 아직 한 조각 마음까지 다 내비쳐서는 안 된다. 호랑이의 세 입이 두려운 것이 아니라, 다만 사람의 감정이 두 가지 마음일까 두려운 것이다.)

주 봉 지 기 천 종 소　화 불 투 기 일 구 다

酒逢知己千鍾少요 話不投機一句多라

(술이란 지기를 만났을 때는 천 잔도 적지만, 말이 의기투합되지 못하면 한 마디도 많다.)

종합컨대, 말이란 간단한 한 마디라도 이치에 맞게 하되, 솜같이 따뜻한 말씨로 다른 사람에게 이로운 말을 하며, 말을 잘못 하면 도끼와 칼에 상처를 당하듯 화를 입게 된다는 것이다. 그리고 호랑이보다도 더 무서운 것은 겉 다르고 속 다른 사람의 이중성이라는 사실을 잘 말해준다. 또한 항상 신중하게 행동하며 속내를 완전히 드러내지 말고 늘 조심을 하라는 요지이다.

▒ 아무리 가까운 사이라도 말은 신중하게

말은 주로 상대가 있을 때 많이 하게 되지만, 혼자서 하는 독백도 있을 수 있다. 그러나 아무리 듣는 사람이 없는 혼자 있는 곳에서라도 입을 조심하고 아무리 가까운 관계라 할지라도 말을 할 때는 신중할 것을 선조들은 강조해 왔다. ≪천자문≫에서는

이 유 유 외　속 이 원 장

易輶攸畏하라 屬耳垣牆이라

(쉽고 가벼운 것도 두려워할 것이며, 담장에도 귀가 있다.)

라고 하여, 쉬운 일도 소홀히 하지 말고, 말을 할 때는 담장에도 귀가 있는 것처럼 여겨서 말하기를 조심하라고 역설하고 있다.

또 ≪명심보감≫에서는 현제수훈(玄帝垂訓)의 글을 소개하여

인간사어 천청 약뢰 암실기심
人間私語라도 天聽은 若雷하고 暗室欺心이라도
신목 여전
神目은 如電이니라

(인간의 사사로운 말도 하늘이 듣는 것은 우레와 같고, 어두운 방 속에서 마음을 속일지라도 귀신의 눈이 보는 것은 번개와 같다.)

라고 하였다. 아무리 사사로운 말이나 아무도 보이지 않은 곳에서 나눈 말도 하늘이나 신은 다 듣고 있으니 불행을 자초할 만한 그런 말은 절대적으로 삼가라는 것이다.

말은 일단 한 번 입을 떠나고 나면 엎지르진 물과 같아 회수하기가 불가능하기 때문에 ≪인생필독≫에서는

일언기출 사마난추
一言旣出이면 駟馬難追니라

(한 마디 말이 입에서 나가고 나면 사마로도 따라잡기가 힘들다.)

라고 하였다. 본문의 "사마(駟馬)"란 네 필의 말이 끄는 수레를 말하는데 엄청 빠름을 비유한다. 그렇기 때문에 말이란 이처럼 빠른 수레로도 따라갈 수 없을 만큼 빨리 퍼지는 것이니 조심을 하라는 말이다. 우리 속담에도 "발 없는 말이 천리 간다."라고 하여 비슷한 의미를 나타내고 있다.

말을 잘못하면 다른 사람과 시비가 붙게 된다. ≪인생필독≫에서는 이에 대해

시비지위다개구 번뇌개인강출두
是非只爲多開口요 煩惱皆因强出頭이니라

(시빗거리는 오직 입놀림이 많기 때문이고, 번뇌는 모두 억지로 특출해 보이려는 것에 원인이 있다.)

라고 하였다. 말수를 조금 줄이고 남보다 더 잘난 척하지 않는 것이 시비를 줄이는 비결이다.

서로 간에 시비가 생겼을 때 풀어가는 요령

시비가 생겼을 때는 어떻게 해야 하는가? ≪노학구어≫에서는 다음과 같은 방법을 제시해주고 있다.

愈理愈紛(유리유분)하고 愈轉愈深(유전유심)이니 不如罷了(불여파료)하고 閉口閉心(폐구폐심)이니라

(이치로 따지면 따질수록 더 다툼이 생기고 구르면 구를수록 더 깊어질 때는 그만두는 것이 더 낫다. 입을 다물고 마음을 닫아버려라.)

그리고 또 심술궂은 사람이 시비를 걸어올 때는 어떻게 해야 하는가? ≪명심보감≫에서는

惡人(악인)이 罵善人(매선인)커든 善人(선인)은 摠不對(총불대)하라 不對(불대)는 心淸閑(심청한)이요 罵者(매자)는 口熱沸(구열비)니라 正如人唾天(정여인타천)하여 還從己身墜(환종기신추)니라

(악한 사람이 착한 사람을 욕하거든 착한 사람은 그 어떤 대꾸도 하지 마라. 대꾸하지 않는 사람은 마음이 맑고 한가롭고, 욕을 하는 사람은 입에 불이 붙는 것처럼 뜨겁게 끓을 것이다. 이는 마치 사람이 하늘에 침을 뱉으면 자기 몸으로 떨어지는 것과 같은 것이다.)

라고 하여 무대응을 상책으로 강조한다. 그리고 이어서

我若被人罵(아약피인매)라도 佯聾不分說(양롱불분설)하라 譬如火燒空(비여화소공)하여 不救自然滅(불구자연멸)이라 我心(아심)은 等虛空(등허공)이어늘 摠爾飜脣(총이번순)

설
舌이니라

(내가 만일 남에게 욕설을 당하더라도 거짓으로 귀먹은 것처럼 하여 시비를 가리려고 하지 마라. 그러면 마치 불이 허공에서 타다가 끄지 않아도 저절로 꺼지는 것처럼 될 것이다. 내 마음은 허공과 같거늘 다 그의 입술과 혀만 나불거릴 것이다.)

라고 하여, 다른 사람이 시비를 걸더라도 그 사람이 지쳐서 스스로 포기할 때까지 무대응으로 그냥 내버려 두라는 말이다. ≪노학구어≫에서는

아 이 위 원 인 이 위 방 방 즉 방 이 어 원 하
我以爲圓인데 人以爲方이라 方則方耳에 於圓何

상
傷이리오

(나는 동그라미라고 생각하는데, 다른 사람은 사각형이라고 생각한다. 사각형이면 사각형일 뿐이지 동그라미에게 무슨 해가 되겠는가?)

라고 하였는데, 어쩌면 성인 군자들이나 소화할 수 있는 말인 듯하다. 하지만 우리는 이런 말에서 시비를 최소화할 수 있는 정신을 배우는 것이다.

그렇다면 다른 사람이 시비를 걸어올 때는 위와 같이 한다고 하더라도, 나는 다른 사람에게 어떻게 처세를 해야 옳은 것인가? 역시 ≪명심보감≫에서는 순자(荀子)의 말을 빌어

무 용 지 변 불 급 지 찰 기 이 물 치
無用之辯과 不急之察을 棄而勿治하라

(쓸 데 없는 변론이나 급하지 않은 일은, 버려두고 다스리지 말라.)

라고 하였고, 또

이 불 문 인 지 비 목 불 시 인 지 단 구 불 언 인 지
耳不聞人之非하고 目不視人之短하고 口不言人之

過[과]라야 庶幾君子[서기군자]니라

(귀로는 남의 나쁜 것을 듣지 말고, 눈으로는 남의 단점을 보지 말고, 입으로는 남의 허물을 말하지 않아야 군자에 가깝다.)

라고 하였다. 모두가 군자 같은 모습으로 살아가고자 노력할 때, 우리 사회는 건강이 담보된 다툼 없고 행복한 터전으로 발전해 갈 것이다.

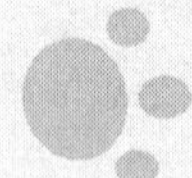

생각나누기

1. 身言書判(신언서판) :
2. 病從口入禍從口出(병종구입화종구출) :
3. 言不中理不如不言(언불중리불여불언) :
4. 一言不中千語無用(일언불중천어무용) :
5. 口舌者禍患之門滅身之斧也(구설자화환지문멸신지부야) :
6. 利人之言煖如綿絮(이인지언난여면서) :
7. 傷人之語利如荊棘(상인지어리여형극) :
8. 口是傷人斧(구시상인부) :
9. 言是割舌刀(언시할설도) :
10. 逢人且說三分話未可全抛一片心
    (봉인차설삼분화미가전포일편심) :
11. 酒逢知己千鐘少(주봉지기천종소) :
12. 話不投機一句多(화불투기일구다) :
13. 一言旣出駟馬難追(일언기출사마난추) :
14. 是非只爲多開口(시비지위다개구) :
15. 煩惱皆因强出頭(번뇌개인강출두) :
16. 耳不聞人之非(이불문인지비) :
17. 目不視人之短(목불시인지단) :
18. 口不言人之過(구불언인지과) :

제28강 대화(對話)-2

말의 생명은 신용이다

말은 사람의 인격을 대변해 주는 표징(表徵)이다. 말에 신용이 없으면 그 어떤 일도 다른 사람과 함께 도모할 수가 없게 되며, 그럴 경우 함께 살아가는 공동체 사회에서는 어쩔 수 없이 외톨이가 될 수밖에 없다. 그렇기 때문에 말은 신중해야 하고, 다른 사람에게 믿음을 줄 수 있어야 한다.

말은 유창하게 하는 것도 중요하지만, 무엇보다 알맹이가 있어야 하며, 자신이 한 그 말은 반드시 책임을 질 수 있고, 나아가 반드시 실천할 수 있어야 한다.

그래서 공자는 ≪논어≫에서 설령 말은 좀 느리고 더듬더라도 자신이 한 말은 행동으로 민첩하게 실행할 수 있도록 강조하여 다음과 같이 말하였다.

군 자 욕 눌 어 언 이 민 어 행
君子欲訥於言而敏於行이니라
(군자는 말은 둔하여도 행동은 민첩해야 한다.)

"민첩한 행동"이란, 곧 자신이 한 말은 반드시 미루지 말고 "실천"을 해야 한다는 말이다. 옛날에는 특히 "남아(男兒) 대장부(大丈夫)"가 한 말에 대하여 책임을 아주 중시하였다. 그래서 "장부일언중천금(丈夫一言重千金)"이니, "장부일언천년불개(丈夫一言千年不改)"라는 말이 자주 사용되었다. 즉, "남자의 한 마디 말은 그 무게가 천금이다.", "남자가 한 번 한 말은 천 년이 가도 변하지 않는다."라는 뜻이다. 물론 이 표현은 남자로서의 언행일치를 강조한 말이지만, 이런 가르침이 어디 남자에게만 국한되어서야 되겠는가? 모든 사람들이 지켜야 할 덕목이라 할 수 있다. 공자는 또 ≪논어≫에서 이렇게 말하였다.

유덕자필유언 유언자불필유덕
有德者必有言이나 有言者不必有德이니라

(덕행을 가진 사람은 반드시 합당한 말을 하게 되지만, 그럴듯한 말을 하는 사람이라고 반드시 덕이 있는 것은 아니다.)

역시 덕행이 높은 사람과 말의 관계를 통해서 "신뢰"에 대한 중요성을 강조하고 있다. 그런가 하면 ≪중용≫에서도 말과 행동에 대하여 이렇게 말하고 있다.

언고행 행고언
言顧行이요 行顧言이니라

(말은 행동을 돌아보아야 하고, 행동은 말을 돌아보아야 한다.)

그런데, 이처럼 공자의 가르침에도 불구하고 실제로 현실생활에서는 말과 행동이 일치되지 못하는 경우가 허다하다. 약속이 지켜지지 않을 가능성이 클 때는 애초부터 말을 하지 않는 것이 옳은 것이 아니겠는가? 다른 사람과 철석같이 약속을 해 놓고 그에게 바람을 맞히면 자신의 신뢰성은 큰 타격을 받고 말 것이다. 그래서 백거이(白居易)는 ≪책림≫에서

동필삼성 언필재사
動必三省하고 言必再思니라

(행동을 할 때는 반드시 세 번을 생각하고, 말을 할 때는 반드시 두 번을 생각하라.)

라고 하였다. 실천하지 못할 말로 신용을 얻지 못하고, 오히려 자신의 인격에 큰 손상을 받게 된다면 다음과 같은 ≪노학구어≫의 말이 옳을 것이다.

탐불여렴 교불여졸 조불여정 변불여묵
貪不如廉하고 巧不如拙하고 躁不如靜하고 辯不如默이니라

(욕심을 부리는 것보다는 청렴한 것이 더 낫고, 교묘한 것보다는 서투른 것이 더 나으며, 시끄러운 것보다는 조용한 것이 더 낫고, 말을 잘하는 것보다는 묵묵한 것이 더 낫다.)

그래서 ≪사자소학≫에서도

作事謀始(작사모시)하고 出言顧行(출언고행)하라

(일을 할 때에는 시작을 잘 계획하고, 말을 할 때에는 행실을 돌아보라.)

고 강조하고 있는 것이다.

▩ 말은 미덥고 성실하게 해야

≪춘추좌씨전≫에 보면, 겉으로는 번지르르하게 말을 잘 하지만 실속이나 신뢰성이 없으면 배척을 당하게 된다는 교훈적인 이야기가 있다. 대략적인 이야기는 다음과 같다.

진(晉)나라 대부 양처보(陽處父)가 위(衛)나라 사신으로 갔다가 돌아오는 길에 노(魯)나라 영읍(寧邑)의 어느 집에 묵게 되었다. 그의 당당한 모습을 본 집주인 영(嬴)이 자신도 양처보처럼 성공을 해보고 싶어서 그를 따라가기로 결심하였다. 양처보의 동의를 얻은 영은 아내와 이별을 고하고 그를 따라 나섰다. 그런데 길을 가던 도중 양처보가 하는 말이 횡설수설 너무 앞뒤가 맞지 않았다. 그래서 영은 온(溫) 땅까지 갔다가 집으로 돌아와 버렸다. 아내가 이유를 묻자 영이 대답하기를 "그 사람은 겉은 멋진 인재처럼 보이지만 믿음이 가는 구석이라곤 하나도 없었소. 그리고 그는 덕이 없어서 다른 사람들에게 원망을 듣고 있었소. 이런 사람을 따라갔다가는 배움은커녕 도리어 해만 당할 것 같아 처음에 결심했던 생각을 바꾸게 된 것이오"라고 하였다.

여기서, "겉으로는 좋아 보이지만 알맹이가 없음"을 비유하는 말로 "화이부실

(華而不實)"이라는 말이 나오게 되었던 것이다. 가식과 허영을 경계하도록 강조할 때도 많이 활용되지만, 언행이 일치되지 않음을 비유하는 말로도 많이 활용되고 있다.

진실성이 담보된 말을 바탕으로 서로 간에 대화가 오고 갈 때, 진정한 교제가 이루어지고 무슨 일에 대한 상의와 협력이 가능해지게 된다. 그래서 ≪인생필독≫에서는

동군일석화 승독십년서
同君一席話가 勝讀十年書니라

(그대와 함께 앉아 대화를 하는 것이, 십 년 독서보다 낫다.)

라고 하였다. 어찌 진정성이 보이지 않는 대화에서 이런 결과를 얻을 수 있겠는가? 역시 미더운 말과 좋은 내용의 말을 나눌 때 이런 느낌은 더욱 강해질 것이다. 다음과 같은 구절도 꼭 같은 의미의 또 다른 표현이라 할 수 있을 것이다. 먼저 ≪사자소학≫에서는

행필정직 언즉신실
行必正直하고 言則信實하라

(행동은 반드시 바르고 곧게 하고, 말은 미덥고 성실하게 하라.)

고 하였고, 또 ≪명심보감≫에서는

황금천량 미위귀 득인일어 승천금
黃金千兩이 未爲貴요 得人一語가 勝千金이니라

(황금 천 냥이 귀한 것이 아니요, 사람의 좋은 말 한 마디를 듣는 것이 천금보다 낫다.)

라고 하였다. 좋은 말이 되고 웅변이 될 수 있는 말은, 꼭 큰 소리일 필요는 없다. 어눌한 말씨에 침착한 어투로 상대에게 유익이 되고 충고가 될 수 있는

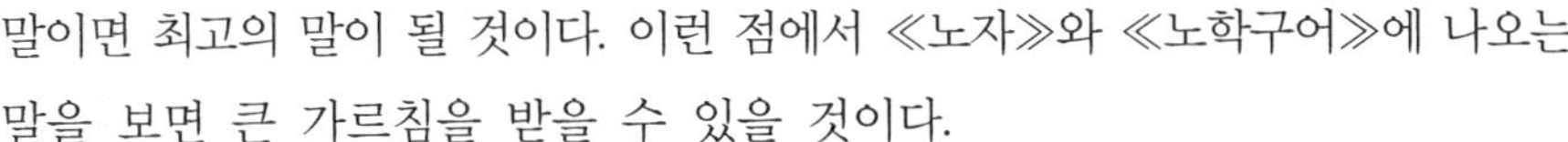
말이면 최고의 말이 될 것이다. 이런 점에서 ≪노자≫와 ≪노학구어≫에 나오는 말을 보면 큰 가르침을 받을 수 있을 것이다.

大辯如訥(대변여눌)이니라

(웅변은 어눌한 것과 같다.)

凡與人言(범여인언)에 詞氣從容(사기종용)하고 規人勸人(규인권인)하면 人也樂從(인야락종)이니라

(무릇 다른 사람과 이야기를 할 때는 어투를 침착하게 하여, 다른 사람에게 권고를 해 주고 다른 사람에게 충고를 해 주면, 그 사람이 즐거운 마음으로 따를 것이다.)

서로가 행복해질 수 있는 대화법이라 할 수 있다.

대화를 잘 하는 사람의 특징

대화는 자신이 전달하고자 하는 내용과 상대방이 표현하려고 하는 말을 들어주는 것으로 이루어지는데, "대화를 잘 하는 사람"이란 자신이 말을 많이 하는 것보다 상대방의 말을 많이 잘 들어주는 사람이라고 한다. 그리고 대화를 할 때는, 상대방의 말을 경청하면서 적당한 반응을 보여주는 것, 즉 지금 상대방의 말을 잘 듣고 있으며 잘 이해하고 있다는 점을 표정이나 행동으로 보여주는 것이 중요하다고 전문가들은 강조한다. ≪논어≫에서는

察言而觀色(찰언이관색)하여 慮以下人(려이하인)이니라

(말뜻을 잘 살피고 안색을 잘 살피며, 사려 깊은 마음으로 남에게 겸손하게 대한다.)

라고 하여 대화의 기본적인 자세를 말하고 있다.

대화를 할 때 상대방에 대한 지나친 칭찬이나 과도한 찬양은 이상적인 대화법이 되지 못한다. 서로 적절한 선을 유지해가면서 인정할 것은 인정해 주고 격려해 줄 것은 격려해 주는 것이 좋다. 혹시 상대방이 너무 지나치게 자신을 높이 올려 세워 줄 때는 냉정함을 유지하여 그 말의 진정성을 잘 판단하고 아부로 하는 칭찬이 아닌지를 잘 살펴보아야 한다는 것이 선조들의 가르침이다. 그리고 남에 대한 여러 가지 좋지 못한 이야기를 할 때도 이성을 유지할 것을 강조한다. 이런 점에서 ≪명심보감≫에서는 강절소(康節邵) 선생의 말을 통해 우리에게 큰 교훈을 주고자 하였다.

> 聞人之謗(문인지방)이라도 未嘗怒(미상노)하며 聞人之譽(문인지예)라도 未嘗喜(미상희)하며 聞人之惡(문인지악)이라도 未嘗和(미상화)하며 聞人之善(문인지선)이면 則就而和之(즉취이화지)하고 又從而喜之(우종이희지)니라
>
> (남에게 비방을 들어도 화를 내지 않고, 남에게 칭찬을 들어도 기뻐하지 않으며. 다른 사람의 나쁜 점을 듣더라도 동조하지 않고, 다른 사람의 착한 점을 들으면 곧 나아가 서로 화목하게 같이 하고 또 따라서 기뻐한다.)

라고 하였다. 그리고

> 樂見善人(락견선인)하며 樂聞善事(락문선사)하며 樂道善言(락도선언)하며 樂行善意(락행선의)하고 聞人之惡(문인지악)이어든 如負芒刺(여부망자)하고 聞人之善(문인지선)이어든 如佩蘭蕙(여패란혜)니라
>
> (선한 사람 보기를 즐기고, 선한 일 듣기를 즐기며, 선한 말 하기를 즐기고, 선한 뜻 행하기를 즐기며, 남의 악한 점 듣기를 가시를 짊어진 것처럼 하고, 남의 선한 점 듣기를 난초를 몸에 지닌 것처럼 여긴다.)

라는 내용을 통해, 강절소 선생은 우리들에게 선한 사람과 선한 일과 선한 말과 선한 뜻을 추구하고, 악한 것은 가까이 하지 말 것을 권하고 있다. 그리고 너무 지나치게 달게 붙는 사람은 해가 되는 사람이니 이를 경계하라는 뜻에서

> 道吾善者(도오선자)는 是吾賊(시오적)이요 道吾惡者(도오악자)는 是吾師(시오사)니라
>
> (나의 착한 점을 말해 주는 사람은 곧 나를 해치는 사람이요, 나의 나쁜 점을 말해 주는 사람은 곧 나의 스승이다.)

라고 하였다.

말이란 그 사람의 생각을 반영하고 그 생각에 따라 행동으로 옮겨지기 때문에, 자연스럽게 말과 행동에는 그 사람의 인품과 인격이 드러나게 되어 있다. 좋은 말과 대화로 고매한 인품의 소유자가 되기 위해 노력할 일이다.

생각나누기

1. 訥於言而敏於行(눌어언이민어행) :
2. 丈夫一言重千金(장부일언중천금) :
3. 丈夫一言千年不改(장부일언천년불개) :
4. 言顧行行顧言(언고행행고언) :
5. 動必三省言必再思(동필삼성언필재사) :
6. 貪不如廉巧不如拙(탐불여렴교불여졸) :
7. 躁不如靜辯不如默(조불여정변불여묵) :
8. 作事謀始出言顧行(작사모시출언고행) :
9. 華而不實(화이부실) :
10. 同君一席話勝讀十年書(동군일석화승독십년서) :
11. 行必正直言則信實(행필정직언즉신실) :
12. 黃金千兩未爲貴(황금천량미위귀) :
13. 得人一語勝千金(득인일어승천금) :
14. 大辯如訥(대변여눌) :
15. 樂見善人樂聞善事(락견선인락문선사) :
16. 樂道善言樂行善意(락도선언락행선의) :
17. 聞人之惡如負芒刺(문인지악여부망자) :
18. 聞人之善如佩蘭蕙(문인지선여패란혜) :
19. 道吾善者是吾賊(도오선자시오적) :
20. 道吾惡者是吾師(도오악자시오사) :

제29강 자애(自愛)

▒ 먼저 자신을 사랑할 줄 알아야

사랑이란 행위에는 방향이 두 가지가 있다. 하나는 밖을 향한 "만물에 대한 사랑"이고, 하나는 안을 향한 "자신에 대한 사랑"이다. 타인을 포함한 만물에 대한 사랑을 어쩌면 자기 사랑에 대한 반대개념으로 생각할 수 있으나, 이는 확연하게 분리될 수 있는 것이 아니다. 타인에 대한 사랑은 지극히 자신의 몸과 마음을 사랑하는 자기 사랑에서 밖으로 표현되는 것이기 때문이다.

따라서 자신을 올바른 정신으로 "잘" 사랑 할 줄 아는 사람이 타인에 대한 사랑과 배려도 남다를 수 있고, 그 행위에 대한 결과도 지극히 아름다울 수밖에 없는 것이다.

우선 ≪복처서≫에 보면, 스스로를 사랑할 줄 아는 자에 대한 평가를 다음과 같이 적고 있다.

> 自尊者(자존자)는 未有不能自立(미유불능자립)이요 自愛者(자애자)는 未有不能自治(미유불능자치)니라
>
> (스스로를 존중할 줄 아는 사람 중에 자립하지 못한 자는 아직 없었고, 스스로를 사랑할 줄 아는 자 중에 스스로를 잘 다스리지 못한 자는 아직 없었다.)

라고 하였다. 그러나 빗나간 자기 사랑은 오히려 사람으로 하여금 무능한 존재로 전락시키는 결과를 초래하기도 하기 때문에, 자기 사랑도 중용의 자세가 필요함을 ≪신음어≫에서는 다음과 같이 지적한다.

인 불 자 애 즉 무 소 불 위 과 어 자 애 즉 일 무 소 위

人不自愛면 則無所不爲요 過於自愛면 則一無所爲니라

(사람이 자신을 사랑하지 않으면 못할 짓이 없고, 자신을 너무 지나치게 사랑하게 되면 하나도 할 수 있는 것이 없다.)

인간에게 있어서 "자중(自重)"은 또 다른 방법의 자기 사랑이라 할 수 있다. 분수를 알지 못하고 경거망동할 때, 그것은 예기치 못했던 결과를 초래하여 자기 사랑에 크나큰 손실을 주기 때문이다. ≪성심단어≫에서 강조하고 있는 다음의 글은 우리에게 좋은 가르침으로 다가온다.

불 자 중 자 치 욕 불 자 외 자 초 화

不自重者致辱이요 不自畏者招禍니라

(스스로 자중하지 않는 자는 수치를 당하게 되고, 스스로 겁을 모르는 자는 화를 불러오게 된다.)

실제로 남을 사랑하고 선을 행하는 그 자체가 자신에게 기쁨이 되고 행복이 된다면 이는 자기 사랑의 발로라고 볼 수 있지만, 어쩔 수 없는 상황에서 사랑과 선의 명목으로 보여주는 고통스러운 행위는 자기 사랑과는 다소 거리가 멀다고 할 수 있다. 때로는 사랑이라 베푼 것이 전혀 사랑이 아닐 수 있고, 망아(忘我)의 자세로 봉사하였다고 하지만 전혀 그렇지 않은 것으로 평가받는 경우도 있다. 이는 자신을 제대로 파악하지 못하고 있다는 증거가 된다. 그래서 ≪귀곡자≫에서는 자신을 잘 파악할 수 있기를 권유한다.

기 자 지 이 후 지 인

己自知而後知人이니라

(자기 스스로를 알고 난 뒤라야 다른 사람을 알 수 있다.)

그러나 살다보면 남의 잘잘못은 눈에 잘 들어오는데 자신에 대한 결점을

찾아내는 데는 어두운 경우가 많다.

▒ 자기 단점을 인정하는 것, 이것 역시 자기 사랑

자기 사랑이 잘 이루어지기 위해서는 자신의 결점을 잘 파악하는 것이 중요하다. 다음의 글들은 이러한 점을 강조한 내용들이다. ≪중화언해≫와 ≪문중자≫에서는 각각 언급하기를,

> 능 견 백 보 지 외　불 능 자 견 기 첩
> 能見百步之外나 不能自見其睫이니라
>
> (능히 백보 밖의 물건은 볼 수 있으면서, 자기의 속눈썹은 보지 못한다.)
>
> 자 지 자 영　자 승 자 웅
> 自知者英이요 自勝者雄이니라
>
> (자기 스스로를 아는 자는 뛰어난 사람이고, 자기 스스로를 이길 줄 아는 자는 영웅이다.)

라고 하였고, 또 ≪오월춘추≫와 ≪여씨춘추≫에서는 각각 언급하기를,

> 지 인 이　자 지 난
> 知人易나 自知難이니라
>
> (다른 사람을 알기는 쉬우나, 자기 자신을 알기는 어렵다.)
>
> 과 자 지 환　불 지 이 자 이 위 지
> 過者之患은 不知而自以爲知니라
>
> (잘못을 저지르는 사람의 문제점은, 잘 모르면서 스스로 안다고 여기는 데 있다.)

라고 하였다. 지나친 자기 과시 역시 자신을 아끼고 사랑하는데 장애가 될 수 있다. 남으로부터 극찬을 받을 수 있고 높은 평가를 받을 수 있는 훌륭한 업적도

스스로의 입으로 지나치게 자랑을 하게 되면, 그것은 오히려 그런 업적이 없었던 것보다 못한 결과를 낳을 수도 있으므로 삼갈 일이 아닐 수 없다. 그래서 ≪상서≫에서는

汝惟不矜(여유불긍)이면 天下莫與汝爭能(천하막여여쟁능)이요 汝惟不伐(여유불벌)이면 天下莫與汝爭功(천하막여여쟁공)이니라

(그대가 능력을 자랑하지만 않는다면 세상에는 그대와 능력을 다투고자 하는 사람이 없고, 그대가 공적을 자랑하지만 않는다면 세상에는 그대와 공적을 다툴 사람이 없다.)

라고 하였다. 위의 글 뒷부분에서, 자신의 공적을 자랑하지 않을 때 적이 생기지 않는다는 말은 큰 교훈으로 다가온다. 또 ≪성인가학이지론≫에서는 다음과 같이 가르침을 주고 있다.

惡不自惡(악불자악)이면 惡必報(악필보)요 善不自善(선불자선)이면 善必至(선필지)니라

(악행을 저질러 놓고 스스로 악행이라 생각하지 않으면 그 악행이 반드시 자신에게 닥치게 될 것이요, 선행을 해 놓고 스스로 선행이라 생각하지 않으면 그 선행이 반드시 자기에게로 돌아오게 된다.)

라고 하여, 자신의 선행을 자신이 힘들여 자랑하지 않아도 남들은 자연스럽게 알게 되고, 설령 몰라준다 해도 그 선행에 따른 복이 결국에는 자신에게로 돌아온다는 말에 사랑을 실천하는 자들은 따뜻한 용기를 받을 수 있을 것이다.

자기 사랑, 겸손이 최고의 덕목

자기 사랑에 있어서 겸손 역시 빠뜨릴 수 없는 덕목 중의 하나이다. 겸손은 자랑하지 않음에서도 표현되지만, 잘못을 했을 경우 그것을 솔직하게 인정하고 적절한 양해와 조치를 구하는 것으로 표현될 수가 있다. 내가 잘못을 할 수 있다는 것은 곧 다른 사람도 그럴 수 있다는 말이다. 따라서 남이 저지른 실수나 잘못에 대하여 이해와 용서를 해 줄 수 있는 마음의 크기가 곧 자기 사랑에 보약으로 작용된다는 점을 잘 아는 것도 중요하다.

≪진언변무소≫와 ≪논형≫에서 실수나 단점에 대하여 각각 언급한 부분을 보면 다음과 같다.

> 人之才能(인지재능)은 白非聖賢(자비성현)이라 有所長(유소장)이면 必有所短(필유소단)이요 有所明(유소명)이면 必有所蔽(필유소폐)니라
>
> (사람의 재주와 능력은 애초부터 성현들처럼 완전했던 것은 아니다. 장점이 있으면 반드시 단점이 있고, 밝은 점이 있으면 반드시 어두운 점이 있다.)
>
> 人有所優(인유소우)나 固有所劣(고유소렬)하고 人有所工(인유소공)이나 固有所拙(고유소졸)이니라
>
> (사람에게 우수한 점도 있지만 반드시 결점도 있고, 사람에게 잘난 부분도 있지만 반드시 못난 부분도 있다.)

그렇다. 잘난 점도 있고 못난 점도 있을 수 있다. 그런데 밝은 점이나 장점이 비교적 많다고 느끼는 사람은 남이 알아주든 알아주지 않든 어쨌든 어느 정도 자기 능력에 자부심을 느끼면서 뿌듯하게 살아갈지 모른다.

문제는 그렇지 못하다고 느끼는 사람에게 있다. 하지만 너무 넘침은 부족한 것만 못하다는 말처럼, 다소 부족하다고 해서, 단점이 많다고 해서, 삶의 행복지수까지 낮아야 한다는 법은 없다. 있는 그대로를 받아들이고 진실 되게 당당하게

나아갈 때, 오히려 그것이 장점이 되고 높은 평가를 받을 수가 있게 되는 것이다. 그래서 ≪서암췌어≫에서는 이렇게 말하고 있다.

호 설 기 장 편 시 단　　자 지 기 단 편 시 장
好說己長便是短이요 自知己短便是長이니라

(자기의 장점을 말하기 좋아하는 그것이 곧 단점이요, 자기의 단점을 스스로가 아는 것 그것이 바로 장점이다.)

라고 하였다. 그런데 사람들은 자기의 단점은 인정하지 않으면서 남의 단점만 문제를 삼으려는 데서 인격에 손상을 받게 된다. 이런 현상을 ≪경거패어≫에서는 이렇게 정리하고 있다.

설 인 지 단　　내 호 기 단　　과 기 지 장　　내 기
說人之短하고 乃護己短하며, 誇己之長하고 乃忌

인 지 장
人之長이니라

(다른 사람의 단점은 말하면서 자기의 단점은 덮어주려고 하고, 자기의 장점은 자랑하려고 하면서 다른 사람의 장점은 미워한다.)

이런 사람은 결코 다른 사람들로부터 대접을 받을 수가 없게 된다. ≪한정우기≫에서는

아 소 언 자　　자 이 위 시　　이 미 필 과 시　　인 소 추
我所言者를 自以爲是나 而未必果是하고 人所趨

자　　아 이 위 비　　이 미 필 진 비
者를 我以爲非나 而未必盡非니라

(내가 말한 것을 스스로 옳다고 하지만 반드시 그 결과가 옳은 것은 아니고, 다른 사람들이 취하는 것을 내가 틀렸다고 하지만 반드시 다 틀린 것은 아니다.)

라고 하였다. 자기의 판단이 절대적이라고 생각하지 않는다면 그래도 해결의

출로는 열려 있다고 할 수 있다. ≪채근담≫과 ≪한림원독서독설≫에서는 각각 다음과 같이 말하고 있다.

智小者不可以謀大하고 趣卑者不可以言高니라
(지소자불가이모대 취비자불가이언고)

(지혜가 부족한 자와는 큰일을 도모할 수가 없고, 뜻과 취향이 부족한 사람과는 고상한 이야기를 나눌 수가 없다.)

測淺者不可以圖深하고 見小者不可以慮大니라
(측천자불가이도심 견소자불가이려대)

(얕은 물만을 잴 줄 아는 사람은 깊은 물 재는 일을 도모할 수가 없고, 견문이 좁은 사람은 큰일을 꾀할 수가 없다.)

라고 하였다. 남들의 지혜가 부족하고 의지와 취향이 부족하다고 비평하기 전에 내 스스로가 이런 사람이 아닌지 반성해보고 고쳐나갈 때 자기의 사랑은 더욱 견고해지고 그것이 밖으로 표현되어 많은 사랑을 베풀며 사는 삶이 될 수 있을 것이다.

생각나누기

1. 自尊者未有不能自立(자존자미유불능자립) :
2. 自愛者未有不能自治(자애자미유불능자치) :
3. 人不自愛則無所不爲(인불자애즉무소불위) :
4. 過於自愛則一無所爲(과어자애즉일무소위) :
5. 不自重者致辱不自畏者招禍(불자중자치욕불자외자초화) :
6. 己自知而後知人(기자지이후지인) :
7. 能見百步之外不能自見其睫(능견백보지외불능자견기첩) :
8. 自知者英自勝者雄(자지자영자승자웅) :
9. 知人易自知難(지인이자지난) :
10. 過者之患不知而自以爲知(과자지환불지이자이위지) :
11. 汝惟不矜天下莫與汝爭能(여유불긍천하막여여쟁능) :
12. 汝惟不伐天下莫與汝爭功(여유불벌천하막여여쟁공) :
13. 惡不自惡惡必報(악불자악악필보) :
14. 善不自善善必至(선불자선선필지) :
15. 人之才能自非聖賢(인지재능자비성현) :
16. 有所長必有所短(유소장필유소단) :
17. 有所明必有所蔽(유소명필유소폐) :
18. 人有所優固有所劣(인유소우고유소렬) :
19. 人有所工固有所拙(인유소공고유소졸) :
20. 好說己長便是短(호설기장변시단) :

제30강 처세(處世)

말 잘하는 것, 처세의 능사는 아니다

처세(處世)란 사람들과 사귀며 살아가는 것을 말한다. 그렇게 하는데 필요한 방법이나 수단이 처세술(處世術)이다. 이 처세술의 능력 여부에 따라 다소 세상을 쉽게 혹은 유리하게 살 수도 있고 그렇지 못할 수도 있다는 점에서 처세술에 관한 저서들이 많고 또 그 방법과 요령들이 수도 없이 많이 쏟아져 나오고 있다.

그러나 아무리 훌륭한 이론과 방법이 있다고 하더라도 그것은 사람의 진정성과 겸손을 떠나서는 사상누각(砂上樓閣)에 불과하며, 설령 일시적인 처세술로 잠깐은 성공할 수 있을지 모르나 길게 갈 수는 없는 것이다.

우리나라 속담에서는 주로 말을 잘하는 것이 처세를 잘할 수 있는 으뜸이라 생각하였던 듯하다. 그래서 말에 관한 처세 속담들이 많다.

예컨대, "힘센 아이 낳지 말고, 말 잘하는 아이 낳아라."라든지, "사내가 우비하고 거짓말은 가지고 다녀야 한다."는 속담이라든지, 또 "글 잘하는 자식 낳지 말고 말 잘하는 자식 낳으랬다."라는 등등의 속담들은 모두가 말을 잘하는 것이 처세에 유리하다든지, 남자가 처세를 잘 하려면 거짓말도 할 줄 알아야 한다는 논리에서 나온 표현들이다.

그러나 처세란 결코 순간적으로 거짓말을 해서 곤란함을 잘 모면하고 말을 잘 둘러대어 청산유수처럼 말을 잘 하는 것만으로 능사가 되는 것은 아니다. 중국 문헌 중 처세에 도움이 될 만한 구절들을 찾아보면 말의 구사 능력보다는 모두가 온유나 겸손, 양보나 희생 등 덕을 베푸는 것에 근거하고 있음을 알 수 있다.

먼저 부드럽고 온유함에 관한 표현들을 보면 다음과 같다. ≪후한서≫에서는

약 능 제 강　　유 능 제 강
弱能制剛이요 柔能制强이니라

(약한 것이 굳센 것을 이길 수 있고, 부드러운 것이 강한 것을 제압할 수 있다.)

라고 하였는데, 이 말에서 우리는 사람이 사는데 굳세고 강한 것만이 좋은 것이 아니라는 가르침을 받을 수 있다. 그런가 하면 ≪설원≫에서는

설 지 존 야　　기 비 이 기 유 야　　치 지 망 야　　기 비
舌之存也는 豈非以其柔耶인저 齒之亡也는 豈非
이 기 강 야
以其剛耶인저

(혀가 살아남은 것은 어찌 그것이 부드러움 때문 아니겠는가? 치아가 빠지고 없는 것은 어찌 그것이 강함 때문 아니겠는가?)

라고 하였다. 비유에 다소 견강부회한 면이 없잖아 있지만, 역시 입에 있는 혀와 뼈를 보더라도 부드러움을 가진 혀가 더 오래 살아남는다는 교훈은 우리들이 생활을 할 때 부드러움을 유지하는 것이 중요하다는 가르침이다. ≪포박자≫에서 말하는 쇠와 물의 이치와 비슷하다.

금 이 강 절　　수 이 유 전
金以剛折이요 水以柔全이니라

(쇠는 강함 때문에 부러지고, 물은 부드러움 때문에 온전하다.)

바로 이 물과 같은 부드러움이 우리들의 훌륭한 처세술에 가장 기본이 된다는 이치다. 이런 점에서 비슷한 표현들을 보면 ≪수호전≫에서는

유 연 시 립 신 지 본　　강 강 시 야 화 지 태
柔軟是立身之本이요 剛强是惹禍之胎니라

(부드러움은 몸을 지탱할 수 있는 바탕이요, 강함은 화를 야기 시키는 태아니라.)

라고 하였고, 또 ≪황제경≫에서는

중유자길 중강자멸
重柔者吉하고 重剛者滅이니라

(부드러움을 중히 여기는 자는 길하고, 강함을 중히 여기는 자는 멸망한다.)

라고 하였으며, ≪열자≫에서는 또

욕강 필유유보지 욕강 필이약보지
欲剛에 必有柔保之요 欲强에 必以弱保之니라

(굳세고자 하면 반드시 부드러움으로 그것을 보호해야 하고, 강하고자 하면 반드시 약함으로 그것을 보호해야 한다.)

라고 하였다. 이는 부드러운 이치로 상대방을 설득하는 것과 물리적인 힘으로 상대방을 제압하려는 이치와 비슷하기도 하다. ≪제자규≫에서는 이런 점에서

세복인 심불연 리복인 방무언
勢服人이나 心不然이요 理服人이면 方無言이니라

(힘으로 남을 설복시킬 수는 있지만 그 마음까지 그럴 순 없으며, 이치로 다른 사람을 설복시키면 아무 할 말이 없다.)

라 하였고, ≪중화언해≫에서는

온유종익기 강포필초재
溫柔終益己요 强暴必招災니라

(온유하면 결국 자신에게 유익하고, 강포하면 반드시 재앙을 불러오게 된다.)

라고 하여 사람이 온유하게 세상을 살도록 가르침을 주고 있다.

▒ 작은 손해, 큰 이익을 위한 처세술

그 다음은 사람들이 우선의 이익만을 꾀하는 것이 처세의 상책이 아님을 강조하는 글들이 많이 있는데, 다음의 ≪장서≫에 나오는 글도 그 중에 하나라 할 수 있다.

> 利一而害百(리일이해백)이니 君子不趨其利(군자불추기리)하고 害一而利百(해일이리백)이니 君子不辭其害(군자불사기해)니라
>
> (한 가지 이익을 챙기면 백 가지 손해를 보게 되므로 군자는 그 이익을 따르지 않고, 한 가지 손해를 보면 백 가지 이익을 보게 되므로 군자는 그 손해를 불사한다.)

우선은 손해일 것 같으나 나중에는 그것이 손해가 아님을 알게 되는 그런 이치를 ≪주역≫에서 말하고 있는 "자벌레가 몸을 움츠리고, 용과 뱀이 몸을 숨기는 현상"으로도 설명이 가능할 것 같다.

> 尺蠖之屈(척확지굴)은 以求伸也(이구신야)요 龍蛇之蟄(용사지칩)은 以存身也(이존신야)니라
>
> (자벌레가 몸을 구부림은 펴기 위함이요, 용과 뱀이 숨는 것은 몸을 보존하기 위함이다.)

"일보 전진을 위해 일보 후퇴한다."는 표현이나, "개구리가 멀리 뛰기 위해 뒤로 움츠린다."는 등등의 표현도 어쩌면 같은 이치가 아닐까 생각된다.

자기 멋대로 행하지 않고, 때로는 굽힐 줄도 알고 멈출 줄도 아는 삶의 자세도 역시 중요한 처세술의 하나라고 할 수 있다. 이런 교훈은 ≪신음어≫의 글 중에서 찾아볼 수가 있다.

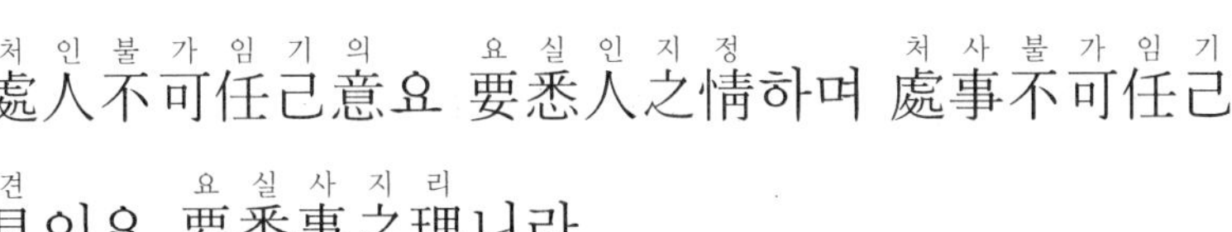

처인불가임기의 요실인지정 처사불가임기

處人不可任己意요 要悉人之情하며 處事不可任己

견 요실사지리

見이요 要悉事之理니라

(사람의 일을 처리할 때는 자기 생각대로만 해서는 안 되고 다른 사람의 생각을 완전하게 헤아려야 하며, 일을 처리할 때는 자기의 견해대로만 해서는 안 되고 일의 이치를 완전하게 헤아려야 한다.)

그리고 사안에 따라 물러날 줄도 알고, 형편에 따라 적절하게 양보할 줄도 아는 태도는 적이 없는 인생을 즐길 수 있는 기초가 된다. 그래서 ≪이천격양≫에서는

지행지지유현자 능굴능신시장부

知行知止唯賢者요 能屈能伸是丈夫니라

(행할 줄도 알고 그만둘 줄도 아는 자가 오직 현자요, 굽힐 줄도 알고 펼 줄도 아는 자가 대장부다.)

라고 하여 진정한 현자와 대장부의 모습을 제시하여, 우리로 하여금 그런 삶의 태도를 본받을 수 있도록 권하고 있다. 그런가 하면 ≪성심록≫의 글을 보면

굴기자능처중 호승자필우적

屈己者能處衆이요 好勝者必遇敵이니라

(자기를 굽힐 줄 아는 자는 여러 사람들 가운데에 처할 수가 있고, 이기기를 좋아하는 자는 반드시 적수를 만나게 된다.)

라고 하여, 사람들과 더불어 살아갈 수 있는 방법과 사람에게 적이 생기는 그 이유를 잘 설명해 주고 있다.

잘못을 자신에게로 돌릴 줄 아는 처세술

맹자(孟子)는 "불위(不爲)"와 "불능위(不能爲)"에 대하여 자세하게 설명한 바 있다. 사람이 "하지 않음"과 "할 수 없음"에 대한 이야기이다. "할 수 있는 일"을 "할 수 없는 일"인 냥 실천을 하지 않는다면, 평생이란 긴 시간을 다 보내도 어떤 소기의 목적을 이룰 수 없다는 가르침이다.

아무리 유익하고 바람직한 처세술을 많이 읽고 배워도 그것을 실천에 옮기지 못하면 자신에게 아무런 영향도 없는 무용지물이 되고 말 것이다. 세상이 어렵다고 생각하면 참으로 어려운 세상이요, 단순하게 정직하게 살면 또 그렇게 행복할 수 있는 곳이 이 세상일 수 있다.

다음은 ≪예기≫에 나오는 말이다.

선 즉 칭 인 과 즉 칭 기
善則稱人이요 過則稱己니라

(잘한 것이 있으면 곧 다른 사람에게 돌리고, 잘못한 것이 있으면 곧 자기에게로 돌려라.)

잘못을 자기에게 돌린다고 그것이 언제까지나 자기 것으로 귀착되지는 않는다. 언젠가는 제자리를 찾아가게 되어 있다.

모든 일에 덕을 잃지 않고, 자기 분수만큼 무리 없이 힘이 닿는 곳까지 노력하게 되면 언젠가는 세상이 그 사람을 평가해 주게 되어 있다. 그래서 ≪좌전≫에서는

도 덕 이 처 지 량 력 이 행 지
度德而處之하고 量力而行之니라

(덕에 근거하여 처리하고, 힘에 따라 행해야 한다.)

라는 가르침을 주고 있고, ≪북사≫에서는

행생어기　　명생어인
行生於己나 名生於人이니라

(행동은 자신에게서 만들어지지만, 명승은 다른 사람에게서 만들어진다.)

라고 하였다. 내가 할 일과 남이 해 주는 일을 구분해서 잘 설명해 주고 있는데, 글의 말처럼 일반적으로 일은 남이 했는데 생색은 자신이 내려고 하는 우리들의 현실에 적절한 가르침이 되는 말이다.

생각나누기

1. 弱能制剛柔能制强(약능제강유능제강) :
2. 舌之存也豈非以其柔耶(설지존야기비이기유야) :
3. 齒之亡也豈非以其剛耶(치지망야기비이기강야) :
4. 金以剛折水以柔全(금이강절수이유전) :
5. 柔軟是立身之本(유연시립신지본) :
6. 剛强是惹禍之胎(강강시야화지태) :
7. 重柔者吉重剛者滅(중유자길중강자멸) :
8. 欲剛必有柔保之(욕강필유유보지) :
9. 欲强必以弱保之(욕강필이약보지) :
10. 勢服人心不然(세복인심불연) :
11. 理服人方無言(이복인방무언) :
12. 溫柔終益己强暴必招災(온유종익기강포필초재) :
13. 尺蠖之屈以求伸也(척확지굴이구신야) :
14. 龍蛇之蟄以存身也(용사지칩이존신야) :
15. 知行知止唯賢者(지행지지유현자) :
16. 能屈能伸是丈夫(능굴능신시장부) :
17. 屈己者能處衆(굴기자능처중) :
18. 好勝者必遇敵(호승자필우적) :

한상덕(韓相德)

경상대학교 중어중문학과 졸업. (문학사)
성균관대학교 대학원 중어중문학과 졸업. (문학석사)
중국 예술연구원 화극연구소 방문학자.
중국 무한대학 대학원 중어중문학과 졸업. (문학박사)
중국 호북사범학원 중어중문학과 강사 역임.
중국 호북대학 중어중문학과 교수 역임.
현재 경상대학교 중어중문학과 교수.
현재 경상대학교 인문학연구소 연구원.
현재 중국 청도대학 겸임 교수.

논문 : 〈조우 삼부곡 연구〉 외 20여 편
역서 : ≪중국 현대희극사≫ 외 20여 권
저서 : ≪한문으로 풀어보는 세상사 이야기≫ 외 20여 권

고전으로 배우는
행복한 삶의 지혜

1판 1쇄 발행_2011년 12월 30일
1판 2쇄 발행_2017년 12월 10일

저　　자 • 한 상 덕
발 행 인 • 정 현 걸
발　　행 • 신 아 사
인　　쇄 • 예지인쇄
출판등록 • 1956년 1월 5일 (제9-52호)
주　　소 • 서울특별시 은평구 통일로 59길4 2F
전　　화 • (02) 382-6411 • 팩스 (02) 382-6401
홈페이지 • www.shinasa.co.kr
E-MAIL • shinasa@daum.net

ISBN 978-89-8396-751-0(93810)

정가 *14,000* **원**